图说名人

《图说名人》编委会 编著

梵·高

疯狂的画家

Fangao

Fengkuang De Huajia

南海出版公司

图书在版编目（CIP）数据

疯狂的画家——梵·高 /《图说名人》编委会编著. -- 海口：南海出版公司，2015.9（2022.3重印）
ISBN 978-7-5442-7962-8

Ⅰ.①疯… Ⅱ.①图… Ⅲ.①梵高，V.（1853~1890）-传记 Ⅳ.①K835.635.72

中国版本图书馆CIP数据核字（2015）第204941号

FENGKUANG DE HUAJIA——FANGAO
疯狂的画家——梵·高

编　　著	《图说名人》编委会
责任编辑	张爱国　梁珍珍
出版发行	南海出版公司　电话：（0898）66568511（出版）
	（0898）65350227（发行）
社　　址	海南省海口市海秀中路51号星华大厦五楼　邮编：570206
电子信箱	nhpublishing@163.com
经　　销	新华书店
印　　刷	永清县晔盛亚胶印有限公司
开　　本	787毫米×1092毫米　1/16
印　　张	7
字　　数	80千
版　　次	2015年12月第1版　2022年3月第2次印刷
书　　号	ISBN 978-7-5442-7962-8
定　　价	36.00元

南海版图书　版权所有　盗版必究

前言 TUSHUOMINGREN

文森特·威廉·梵·高（Vincent Willem van Gogh，1853—1890）出生于荷兰宋德尔特村一个新教牧师之家。二十四岁之前，曾在海牙、伦敦、巴黎等地的高比尔画店当店员。因求爱失败，他积蓄的感情受到打击和压抑，产生了一种为了拯救自己也为了拯救一切痛苦灵魂的信念和寻求神灵的愿望，于是投入到宗教的怀抱，决心做一个牧师。在比利时西南部的博里纳日矿区传教时，他由于同情和支持穷苦矿工而被解职。梵·高之所以成为画家，是为了解决撕裂他灵魂的内心冲突，是为了对生活中遭受的挫折进行自我解脱。

梵·高走进绘画，严肃而狂热地研究一切画理画法，生活全靠弟弟资助。1890年7月27日，他走进一片成熟的麦田，面向太阳，向自己的胸膛开了一枪，两天后即去世，时年三十七岁。梵·高死后，弟弟德奥痛苦万分。六个月后，1891年1月25日，德奥去世了。他们被共同葬在了奥维尔墓园。

梵·高生前并未得到社会的真正承认。梵·高作品中包含着深刻的悲剧意识、强烈的个性和形式上的独特追求，这些作品中突出地追求自我精神的表现，一切形式都在激烈的精神支配下跳跃和扭动。正因为他远远地走在时代的前面，所以，难以被当时的世人接受。但是，他对西方20世纪的艺术具有深远影响。充分认识作者主体在创作过程中的作用，自由地忏悔内心的感情，意识和把握与形式相对的独立价值，在油画创作中吸收和撷取东方绘画的因素——这是梵·高艺术对后人的启示。法国的野兽主义、德国的表现主义，以至于20世纪初出现的抒情抽象派，都曾经受益于梵·高的艺术。他是继伦勃朗之后荷兰最伟大的具有世界性影响的画家。

忧郁的少年   1

忧郁的孩子 / 1
兄弟之间的情谊 / 5
艺术人生的起程 / 10
海牙的艺术公司 / 14
勤勉的职员 / 18

确定一生的追求   21

发现自己的世界 / 21
结识良师益友 / 26
梦幻般的鸟巢 / 35
它并不是一条普通的狗 / 40
杰作《食薯者》/ 46

坎坷绘画路

51

前往巴黎的路 / 51
这种光和颜色 / 56
花朵盛开的果园 / 60

痛失友情

73

高更来啦 / 73
割耳的悲剧 / 78
阿鲁鲁医院 / 82
消失的画室 / 86

为绘画献出一生

95

宁静的疗养院 / 95
埋首在绘画里 / 99
卖出一幅画 / 103

忧郁的孩子

忧郁的少年

◆ 图 说 名 人 ◆

荷兰的宋德尔特村,是个穷乡僻壤,田野里看不到色彩鲜艳的郁金香。村民的生活和周围的风景,全都呈现出一片灰色、忧郁和沉静。

在荷兰,梵·高家族是个著名的古老家族,其间,曾出现过很成功的美术商和军人,有过一段辉煌的岁月。

不过,梵·高的父亲——德奥牧师既无杰出的才能,也没有卓越的辩才,每次讲道或说教,都显得笨拙而无生气,内容也很平淡。虽然他生性忠于职守,而且做事谨慎,但内心缺少那种燃烧的热情。

为此,有些亲友曾失望地表示:"德奥的地位到此为止,恐怕再也无法攀升了。"

不过,村民们倒很欣赏他温和的性格,只要他表现出温和的眼神、开朗的胸怀和亲切的态度,任何人都会很愿意接近他。

这位德奥牧师二十七岁时(1849年)才搬到邻近比利时国境的宋德尔特村来。过了两年,就跟一位比自己大三岁的荷兰姑娘——安娜·柯内利亚·卡尔贝特丝结婚成家。

这位牧师妻子出身于很体面的家庭,父亲担任荷兰第一部宪法的王室附录制作工作,可惜,他们一族人的健康情况都很糟。

名人名言

人必须真正地爱他的同类,我要尽可能地使自己具有这样一颗心。让我沿着我自己的道路奋斗吧,千万不要丧失勇气,不要松懈。

——梵·高

她有一位兄弟因癫痫病发作而早亡。这种病症是会遗传的,从安娜·柯内利亚身上似乎也能隐隐约约看出若干这方面的迹象。她虽然平时表现温和,但有时脾气暴躁,又多愁善感,有时会显得有点歇斯底里。

幸好家庭生活还算平静,全家人都能过着愉快的日子。

安娜·柯内利亚一向工作勤勉,主持家务时能够量入为出。她喜欢在庭院里种植蔬菜和果树,每当夏季来临,他们家的房子周围就会盛开着各种鲜花。

※ 梵·高的祖父

※ 如画的乡村孕育了梵·高的艺术才华

当他们在宋德尔特村生活习惯了以后,这对年轻的牧师夫妇便经常去探访病患和穷困人家,并且多半都会带些小礼物送给这些人家。

不久,他们生下了一个男孩子。牧师对他的妻子说:"既然是个男孩子,给他取名为文森特怎么样?"

"为什么?"妻子反问道。

"因为文森特这个名字,跟我们家成功显耀的祖父布雷达和哥哥哈古的名字相同。而且,还含有'胜利者'的意思,文森特·威廉·梵·高这个孩子,一定能够光耀门庭的。"

"既然如此,那就取这个名字好了。"妻子高兴地同意了。

不料,这个不幸的男孩仅活了六个星期就夭折了。牧师和妻子十分悲痛,他们把孩子的尸体埋在附近阿拉伯橡胶树下的墓地里。

幸好,没有多久安娜又怀孕了,无论如何,这次一定要培育出一个聪明伶俐的孩子。他们以无限的热情,期待着这一天的到来。

秋末之后,就是严寒的冬天,宋德尔特的天空阴郁灰暗,太阳似乎已从地平线上消失了。一月、二月、三月……牧师和妻子焦急地等待着。

1853年3月30日,距离长子文森特的诞生刚好满一周年,孩子呱呱落地了。他们的出生日期竟然完全相同,真是不可思议的巧合!

为了纪念夭折的长子,他们给这个孩子仍然取名为文森特·威廉·梵·高。

这家牧师公馆,后来又接连生下了五个孩子,一家人非常热闹。文特森很快有了大妹妹安娜。1857年5月1日生下的男孩,沿袭父亲的名字,叫作德奥,也就是小德奥。

接着又有两个女儿——伊丽莎白和温美娜,最后一个是男孩,叫作康内利伍斯。小小的牧师公馆整天都能听到孩子们的哭闹声。

"你们安静点好不好?爸爸还要准备明天的布道呢。"

德奥牧师常常不得不这样呵斥这群孩子,大家虽然会马上沉默下来,但只要有人发出叽叽咕咕的说话声或轻微的笑声,孩子们就又会跟着嚷闹起来。

只有一个孩子不需要父亲大声呵斥,那就是文森特。

这个儿子脾气大得很,平时沉默寡言,一旦发起脾气来,就会使父母束手无策。然而,父母对他并不苛责,因为父母亲在失去存活仅六个星期的儿子后,心情十分悲痛,一直到生下这个文森特,才填补了他们空虚的心灵,所以对他特别宠爱,即使在他犯错的时候也很少责备他。

一天,外祖母从普雷达来到他们家,看到文森特的坏脾气正在发作,实在是忍无可忍,于是顺手给了这个小淘气一巴掌,并愤怒地说:"像你这种坏孩子,非给你一点教训不可!"

接着她就把文森特推出门外,回过头来对女儿安娜说:"我养过十二个孩子,从来也没有看见过这样任性的家伙,你们应该好好管教他才行。"

安娜听了默不作声。文森特只跌了一跤,就气得一整天不肯开口说一句话,谁也劝不了他。

眼见这个情况,德奥牧师就慌慌忙忙地把他抱上马车,父子俩一起到附近的山丘上去游玩,好不容易使他的宝贝儿子开心起来。

八岁那一年,文森特曾经画了一只猫的素描给母亲看。

"哎呀,画得不错嘛,快拿给弟弟看看。"

文森特一听到母亲的夸奖,反而觉得不好意思,顺手把这张素描撕毁了。

同样的情形,他用黏土捏了一个小小的人像,当家人拍手赞赏的时候,他却立刻把它摔坏了。

这两件童年的小事情,母亲安娜到老都记得非常清楚。

※ 梵·高的母亲

疯狂的画家——梵·高

兄弟之间的情谊

文森特不发脾气时倒是很乖。

他平时不跟弟弟妹妹争吵,喜欢一个人到野外散步,欣赏花草,观察虫类。

他的妹妹伊丽莎白后来写了一本书《回忆哥哥梵·高》,其中有一段话,正是描写当时的文森特:

※ 梵·高的妹妹

大哥不说一句话,匆匆地从我们面前经过。只见他走出庭院,经过牧场,就在前往河川的路上消失了。

不过,我们心里都明白大哥要去什么地方,因为大哥手上拿着一个玻璃瓶和一张渔网。虽然如此,但没有一个人会和他说:"也带我去吧。"

事实上,谁都知道大哥决不会带我们一起去的。

对于捕捉水中潜伏的鱼虫,大哥很有一套本领。任何大小、形状的鱼虫,都逃不出大哥的手掌。

回家以后,大哥把他捉来的一条条的鱼虫很小心地放进小盒子里,把它们排在一张白纸上,分别用清楚的法文给它们取名,这些名字是很难让人记住的,只有大哥才有本事记住它们。

大哥平时决不接近村里的人，他常常跑到原野或森林里去观察小植物的萌芽，以及小鸟的生活习性。

对于小鸟的生活动态，他了如指掌。他知道什么鸟住在何处，过着什么样的生活。倘若看到一群云雀飞到麦田里，他立刻就能猜出它们将会停在何处，做什么事，结果往往全都像他说的那样。

大哥的这些本领，可能是因为大自然在他的耳边悄悄地告诉了他不少秘密吧。

弟弟德奥的出生让小梵·高似乎一下子找到了终身的伙伴，找到了生命希望的寄托。尽管他已经有了大妹妹安娜，德奥之后还有二妹妹伊丽莎白，小妹妹温美娜，甚至后来还有最小的弟弟康内利伍斯。但从德奥出生开始，小梵·高就对自己的这个弟弟表现出格外的喜欢。

哥哥文森特死后，小梵·高作为弟弟来到人间；而现在，弟弟德奥来到人间，可他作为哥哥却仍然活着。哥哥的死亡和弟弟的诞生之间，对小梵·高而言，形成了难以言说的微妙关联。它在很大程度上影响了梵·高对弟弟德奥的态

※ 童年时的德奥

度，决定了他与弟弟德奥的关系，甚至影响和决定了他的整个生命。

兄弟俩打从德奥磕磕绊绊学走路开始，就像双胞胎一样形影不离。这甚至让梵·高的大妹妹安娜感到些许妒忌，因为在儿童时代，她不时会遭到梵·高的戏弄，而德奥却从来没有被梵·高欺负过。

和哥哥梵·高相比，德奥长得比较瘦小，肤色有点苍白，但他和哥哥在一起时总是兴致勃勃的。梵·高经常带着德奥去郊外游玩。宋德尔特的阳光是那么的灿烂，走在身边的弟弟德奥脸上的笑容也是那么的灿烂。

疯狂的画家——梵·高

梵·高是个不太爱说话的孩子，但在弟弟德奥面前他总有说不完的话。而德奥也总是安静地走在梵·高身边，听梵·高讲各种各样奇奇怪怪的话。梵·高向德奥绘声绘色地描述远处麦田里的风景，指给德奥看自己在石楠丛里发现的甲虫，还有沟渠边刚开的野花。

去郊游时，梵·高有时候会带上自己的速写本。他不是很愿意让别人甚至包括自己的妈妈翻他的本子，但梵·高总是很乐意让德奥对他的画品头论足。每次德奥对梵·高的作品提出修改意见，梵·高都会欣然接受。德奥从不怀疑哥哥梵·高发现美的能力，他看过梵·高的一些速写和临摹的石版画，在德奥的心目中，和他最亲近的哥哥是个了不起的人。

父亲德奥和母亲安娜一直希望自己的孩子能受到良好的教育。于是，在梵·高八岁的时候，他被送往宋德尔特当地的乡村小学读书。但是因为一个意外的原因——学校的校长居然酗酒，学校被关闭了，梵·高才读了一年就中断了学习。回家后，他就一直在父母的指导下自学。但是梵·高对此一点都不在乎，因为这样，他就有更多的时间和弟弟德奥一起在宋德尔特的原野上玩耍了。

兄弟俩怎么会忘记在宋德尔特度过的童年啊！他们忘不了那儿层层的麦浪，忘不了田野上高高的相思树，还有那像巨人一样伸着长长胳

※ 田野里的风车

膊的莱斯维克老磨坊的风车。就在那个老风车下，梵·高和德奥互相击掌盟誓："让上帝作证，让老磨坊的风车作证，让宋德尔特的麦田作证，我们发誓，我们一辈子都是好兄弟，永不背叛。"

温热的风掠过了田野，白色的云朵在碧蓝色的天空里变幻出各种奇特的形状，在地面上投下了多变的影子。莱斯维克老磨坊的风车开始转起来，轮子和磨石发出吱吱嘎嘎的声音，好像也在轻轻地回响："好兄弟，好兄弟……"

弟妹们暗地里很怕这位大哥。他有着红色的卷发，眼神有时呈青色，有时发出哀怨的光，虽然是一副骨瘦如柴的身体，但让人感觉有一种看不见的粗犷的力量，使人望而生畏。

文森特的确遗传了很多母亲的特质，因为他像母亲一样的倔强，有时竟表现出不可理喻的固执。

往往稍微一点儿小事，他就会大发脾气，全身颤抖，到底他心里盼望些什么？谁也不知道。当然，他自己也不明白。有时候，他会莫名其妙地呈现出狂热的态度，把癫痫的特性表露无遗。接着，他又会懊悔万分。

文森特就读于村里的小学时，因同学都来自可怜的农家和纺织工人的家庭，言行自然比较粗鲁，文森特很快就被感染了。

他常常跟同学吵架，不守校规，反抗老师。在这种环境里他把癫痫的特质充分地表现了出来，全校师生对他都伤透了脑筋。

班级老师经常到牧师公馆来，向德奥牧师诉苦说："像这样下去，我会被文森特搞惨的，不知你们有没有什么办法？"

老实的德奥牧师无可奈何地回答说："我知道这个孩子经常麻烦老师，心里也很过意不去！其实，这个孩子的本质并不坏，有时也很温顺……"

"他会温顺？只有天晓得，他简直像个野蛮人。"

"既然如此，干脆让他退学算了！"

文森特的本质果真很温顺吗？也许是德奥牧师站在父亲的立场说出的偏心话。不过当他在孤独的时候，的确曾出现过这种特性，这是他弟弟德奥常常告诉父亲的。

那时候，德奥偶尔看见大哥的亲笔画，例如花朵、桥梁、狗、风景……啊！这些图画充满丰富的感情，根本不像野蛮人画的。

德奥心里暗自忖思："唯有在这些画里面，才能发现真正的大哥。"

听到大哥被人讥讽为野蛮人，

疯狂的画家——梵·高

※德奥

他就忍不住对大哥流露出一种亲密的情感。

同样,文森特也能感受到弟弟的心情,于是,内心里突然间对比自己小四岁的弟弟,产生了一股浓厚的爱意。

"德奥,我要出去散步,想不想跟我一起去?"文森特难得发出一次邀请。

兄弟两人绕着宋德尔特附近的原野、池塘和小河边散步。这时候,文森特一面指着花草、昆虫、鱼、鸟和树木,一面好像泄露秘密似的,说出它们的名称以及生活动态。

德奥感到非常吃惊,那些平时看在眼里,不觉有什么稀奇的东西,从大哥嘴里说出来时,竟会如此新鲜,而且充满生命的跃动。

两人来到河边的柳树下,拿出钓竿来垂钓。只见文森特有时候好像梦幻似的,眺望着天上飘荡的浮云;有时候目不转睛地注视着微风激起的波纹。

"哥哥,你看,有鱼上钩了。"

不管德奥如何催促,大哥好像没听见似地默不作声。

"大哥呀……"

文森特这才突然仰起头来,顺手拉起鱼竿,一面检查鱼钩,一面失望地喃喃自语着。

"怎么这样性急呢?我以为什么鱼在抽动,原来是鱼钩被树枝勾住了。"

德奥心里暗想:"还是大哥的性情温和,又有耐性。"

德奥除了红色卷发跟大哥类似以外,其他方面截然不同。德奥的身材像父亲,也很喜欢与人交往,比较懂得应酬,举止也沉稳大方。

从这时候起,德奥对大哥怀有一种怜悯和爱惜之情,这种心情虽然有时也起伏,但却一直没有改变。

兄弟俩的感情,也从此与日俱增。

艺术人生的起程

家里的孩子越来越多了,孩子们共同居住的阁楼也越来越拥挤。梵·高每次倒在床上,就会觉得自己和阁楼倾斜的天花板又贴近了一些。

父亲德奥和母亲安娜也开始为孩子们发愁了。梵·高都已经十二岁了,失学后,他一直在父亲的指导下在家学习一些课程。可是父亲在教区内的工作开始繁忙起来,经常无暇顾及梵·高的学习。

※法国画家米勒

不过,这两天他们很高兴,因为他们终于给梵·高找到了一所好学校——简·普罗维利私人寄宿学校。这所学校教学秩序良好,开设了英、法、德三门语言课程,特别让父亲高兴的是,学校还开设了宗教学习课程

和文学阅读课程。这些都是梵·高一直比较感兴趣的。但是，他们也有点担心，毕竟学校有点远，在二十五千米外的泽芬贝亨村。梵·高还没有离家那么远独自生活过呢！可是，家里的孩子的确太多了，梵·高是最大的孩子，应该离家了。

报到那天，小梵·高和父母一起到了学校。父母给梵·高办理了注册、食宿等手续，就得马上回去了，家里的其他孩子们都还等着父母回家做晚饭呢。到了不得不和父母告别的时刻，梵·高的心情低落极了。他站在学校门前的台阶上，一直呆呆地看着载着爸爸和妈妈的那辆黄色小马车远远地驶上马路，穿过牧场。秋天冰冷的雨水打在马路上，打在两旁稀疏的树木上。等那点温暖的黄色从梵·高的视野中消失后，他所看见的就是倒映在积水里的阴霾的天空。周围的一切都是湿漉漉的，充满着孤寂和悲伤。

第一次远离家门的体验，让梵·高觉得他被流放了。他第一次感觉到了无助、孤独和悲伤。

在简·普罗维利私人寄宿学校就读期间，梵·高留给老师们的印象就是一个严肃得近乎忧郁和压抑的少年。他还是不愿意和别的孩子多交往。性格孤僻的他把时间和精力大多投入到了绘画和阅读上。这倒是让他很快就取得了学习上长足的进步。他掌握了多国语言，能十分熟练地运用法语和英语，德语也达到了相当的实际运用水平。学校开设的绘画课程，也让他正式开始了艺术方面的启蒙教育。

两年后，梵·高以优异的成绩结束了在简·普罗维利私人寄宿学校的学习。这让家里人都很高兴，特别是对他寄予厚望的父亲。于是，十四岁的梵·高又被送往离家更远的蒂尔堡市，到那儿的威廉二世国王公立学校注册学习。

威廉二世国王公立学校在当时是一所极为开明的学校。它的创建人和首任校长F·菲尔斯锐意革新，一直希望自己所领导的学校有朝一日成为荷兰国家艺术教育中心。他努力营造自由宽松的环境和浓厚的学习气氛，聘用了一大批高水准、有学问的教师。和别的学校最不相同的是，菲尔斯校长在该校每周三十六节课时中，安排了多达四节的绘画艺术课。学校还花费大量资金购入绘画大师们画作的复制品，供学生们观赏学习。学校甚至率先领导新潮流，为学生开设了一间相当规模的画室，还让学生们在晴朗的日子里外出写生。

梵·高的绘画天赋和兴趣在这里被激发起来。他认真地学习每一门课程，除了一门课程——透视法外，其他绘画课程都获得了一流的成绩。随着梵·高对绘画的热爱和理解的加深，他对自己的要求越来越严格，他开始为此感到深深的苦恼。

文森特喜欢看书，例如小说、哲学和神学等都曾涉猎，唯独对教科书不感兴趣，所以学习成绩一直不太理想。

放假的时候，他就返回宋德尔特村，偕同弟弟德奥去野外散步。兄弟俩的感情跟以前一样，散步的时间和距离却比以前更长。

在散步途中，文森特照样喜欢站在花草、昆虫、小鸟和树木旁边观察、沉思。

文森特改变了吗？还是一点儿也没有改变？

德奥牧师常常暗中观察儿子的情况。

文森特始终把自己关在自己的一片天地里，讨厌别人注意他、观察他。他很少到村子的大马路上去玩。一到晚上，他就待在房间看书。性格仍然十分倔强，像这样下去，文森特将来怎么办呢？他远离人群，缺乏社会阅历，这样怎么去工作谋生呢？

※ 梵·高的父亲

德奥牧师每念及此，内心就局促不安起来。

这时候，目睹从外面散步回来的文森特，德奥牧师更加忧虑。

帽子戴得很低，驼背、低头走进门来的儿子——将来要光耀门庭的文森特，怎么会是这个样子呢？

只见他的眉毛边长了几条皱纹，看上去缺乏年轻人的朝气，脸色也不好看。牧师心里暗想："这个孩子太拘束，对任何事情都看得太重……"

两年后，读完寄宿学校，文森特已经十六岁了，现在必须为他选择一份工作才行。

为了解决儿子的工作问题，德奥牧师请了几位亲友来商量，其中有一个人回答得很干脆。

"有什么好考虑的?梵·高家族出了三位成功的美术商,我就是其中之一,大家都羡慕我目前的地位,文森特如果做美术商,不是也很理想吗?"

说出这话的人,正是德奥牧师的哥哥,他跟眼前这个年轻人同名,他就是文森特伯父。所有的亲友们听了无不点头称是。

文森特伯父原来曾在海牙从事艺术品生意,现在已经不做生意了,找了一个安静的地方,过着富裕的生活。

他比德奥牧师的年龄仅大一岁,他们两人的妻子是同胞姐妹,感情很好,两家来往密切,亲上加亲。

每当文森特伯父搭乘马车来到这里时,宋德尔特村牧师公馆的孩子们都会兴高采烈地叫着:"文森特伯父来啦!"

因为他的马车里,经常载着大包小包的水果和玩具。孩子们也经常去拜访他,在那里可以看到文森特伯父所收藏的许多珍贵美术作品,年轻的文森特从此接触了真正的美术世界。

文森特站在这些艺术品前面,到底感受如何?想些什么事呢?谁也不清楚。

"怎么样?文森特,要不要在海牙做事?"

艾森特听伯父这么一说,立刻点点头。

"好吧,就这样决定啦,我给你写一封介绍信到高比尔商会找德尔斯特哈经理,这是一帆风顺的起点,好好加油吧。"文森特伯父高兴地说。这位家财万贯的画商膝下无子,有意为这个可爱的侄子找一份差事,在可能的情况下,他也许考虑要文森特继承自己的事业呢。

1869年,文森特离开自己出生的宋德尔特村,带着伯父写给他的推荐信开始了他人生最重要的一步。出来送别的忧心忡忡的双亲,一直跟随在他后面久久不忍离去。

※ 1869年的海牙

海牙的艺术公司

海牙是一座风景优美的小城，随处可见低缓的山丘和葱茏的树林。郊外平坦的牧场上，散布着明珠般的小湖。得天独厚的优美环境和便利的交通，使得海牙成为荷兰王室和政府所在地之一，也成为"海牙画派"艺术家理想的领地。

海牙画派将荷兰风景画视为自己的渊源，同时，也珍视本土取之不尽的艺术营养。海牙画派的艺术家们一只眼睛注视着大自然，另一只眼睛则注

※米勒作品

视着历史上荷兰艺术的黄金时代。他们所崇拜的艺术家包括弗美尔、费尔德、霍赫等,这些艺术家常常将尼德兰的农田、牧场、海岸、村镇等作为自己的题材。从根本上说,海牙画派艺术家尊重艺术的传统性,尊重荷兰艺术伟大的民族传统。

作为海牙画派的重要支持和后盾,高比尔艺术公司海牙分公司在海牙拥有一座四层楼的营业大厦,就坐落在普拉茨广场边上。

海牙分公司的经理特斯蒂格是由文森特伯父一手提拔起来的,只长梵·高几岁。特斯蒂格特别善于与雇员保持友好的关系,在他领导下,公司的气氛开朗、进取。这让不谙世理、拙于人际关系的梵·高感觉十分放松。他很快就适应了在高比尔艺术公司的工作和生活。

梵·高最初的工作是负责高比尔艺术公司各分公司之间画作的流通。他要学习辨识公司经营的各类画家的作品,把它们按标价和级别进行分类、包装和展示。公司底楼的营业厅被布置成了画廊的样子,入口处挂着厚重而富贵的天鹅绒帷幔,画廊的过道里装饰着体面而优雅的墙毯,那些令人敬畏的艺术珍品或新秀佳作就镶嵌在豪华的金色画框里,悬挂在墙上。

这是梵·高第一次这么近距离地观赏到画家们真正的作品。以前在学校里临摹的都是画作复制品,而眼前这些画作是那么的真实和直接。它们在画布上绽放出来的色彩和散发出来的气味,让梵·高久久难以忘怀。他常常会在那些漂亮的画作面前驻足不前,情不自禁地伸出手去触摸。画布和手指间的摩擦甚至会让他控制不住地浑身颤抖。

对艺术的热爱如同火山爆发一样,让梵·高的每一根神经都震撼不已。他一下子找到了自己对人生的渴望。

公司收藏、陈列的各类原作、复制品和印刷品以及画家的代表作品,已经远远不能满足梵·高如饥似渴的需求。他开始频繁地出入著名的莫瑞泰斯皇家美术馆。莫瑞泰斯皇家美术馆可以说是当时最好的北欧艺术中心,离分公司不远。在那里,梵·高接触了众多北欧艺术大师们:"魔鬼炮制者"博斯、"农民勃鲁盖尔"(老勃鲁盖尔)、大勃鲁盖尔、伦勃朗、鲁本斯和霍尔拜因等。无论是那些充满人文精神的市镇乡村风景,还是那些生机勃勃的四季花卉;无论是那些具象的人体,还是那些超然世事的肖像,都成了梵·高进一步拓展艺术体验的来源。他深深地沉醉在荷兰艺术大师们展现的深沉而壮丽的美术世界里。

梵·高还利用假日自费去阿姆斯特丹国家博物馆参观。这家博物馆收藏着特别丰富的17世纪的荷兰艺术品，并藏有西欧各流派的绘画和雕刻、东方艺术和装饰艺术品。博物馆里附设的国家版画陈列室还藏有欧洲最精美的版画、素描以及彩饰手抄本。梵·高工作之余的时间几乎都花在了欣赏艺术、感悟艺术上。只要经济允许，他就把积攒下来的钱都用在购买自己喜欢的画作上。当然，他特别钟爱的伦勃朗、米勒、伊斯拉埃尔斯、柯罗等画家的作品自然是首选。

除了参观艺术展览馆，梵·高还喜欢去书店。海牙虽然远离首都阿姆斯特丹，但作为荷兰政府的外交使团所在地，拥有相当数量的品质优良的书店。这些书店里不乏各种各样的好书，甚至还可以找到来自伦敦和巴黎的最新刊物和书籍。梵·高渐渐与一些书店老板相识，甚至成为朋友，应邀参加他们组织的各类文学聚会。海牙分公司经理特斯蒂格虽然不经营书籍，但他也热爱文学，常常与梵·高进行这方面的交谈。而梵·高熟练掌握多国语言的优势则令他大受其益。

正是从海牙开始，梵·高对法国的诗歌和历史作品以及英国小说形成了持续终生的热情。

梵·高如饥似渴地阅读大量的书籍。他的阅读书单上有安徒生、莎士比亚、狄更斯、乔治·艾略特、班扬、济慈、卡莱尔、H·B·斯托、朗费罗、爱伦·坡、富兰克林、巴尔扎克、雨果、左拉、福楼拜、莫泊桑、都德、伏尔泰、托尔斯泰、陀思妥耶夫斯基、歌德、海涅等人的作品。

正是通过和这些文学大师们思想上的交流，梵·高探索着书籍与艺术的共性，努力要从两者中寻找到彼此对艺术和生命的共通阐释。大量的书籍阅读和艺术观摩，让梵·高的生活变得积极而充实。他真正告别了童年时的懵懂，对自己的将来开始有了描画。

梵·高相当满意自己在高比尔艺术公司海牙分公司的工作。他相信自己找到了一份理想的职业，并带着自己对艺术的满腔热忱全身心地投入其中。他开始接触更多的画作和画家，也开始和不同的艺术鉴赏者打交道。和公司有业务往来的艺术家们也很喜欢这个腼腆而又真诚的小伙子，他们经常邀请他参加艺术家团体组织的各种讨论和活动。大家互相讨论对艺术的看法，时不时地还进行画技的切磋。这些

都让梵·高获益匪浅。他的眼界越来越开阔,对艺术的热爱也越来越强烈。艺术在梵·高的眼前打开了一扇从另一个视角看待周围世界的窗子。

梵·高甚至开始尝试进行习惯性的业余创作。在离公司不远的小湖泊边上散步的时候,他就顺手在信纸上画一些写生素描。有时候他也会画一些复杂的场景,比如海牙附近的运河、城市里喧闹的小路……但是他发现自己仍然不能掌握透视法,他明白那些作品都是一些涂鸦之作而已。尽管如此,他还是把这些创作寄给了弟弟德奥。

这时候的弟弟德奥已经结束了寄宿学校的学习。在文森特伯伯的推荐下,他到了高比尔艺术公司在布鲁塞尔的分公司,和梵·高一样成了公司的一名见习艺术经纪人。德奥学习得很努力,很快就可以和哥哥梵·高探讨一些艺术方面的问题了。一如既往,德奥觉得哥哥梵·高对艺术的感觉很敏锐。和在童年时代一样,德奥热情地鼓励梵·高继续努力下去。

德奥的支持让梵·高十分振作,连海边吹来的风都随着德奥的来信变得温暖起来。更重要的是,德奥的来信让梵·高觉得自己不再是孤身一人。他又找到了自己可以倾诉的人——自己的知心伙伴,永不分离的好兄弟。

不久,因为梵·高品行可靠、尽职敬业,在海牙分公司有关绘画、版画及复制品的若干业务中成绩斐然,受到了客户和公司的好评,更因为梵·高对艺术持久不灭的热情,在海牙分公司经理特斯蒂格的大力推荐下,梵·高被调往高比尔艺术公司高比尔商会,作为对他工作的相应奖励和提升。

1873年,梵·高带着依依惜别之情离开了生活四年之久的海牙——这个平静而优美、被他誉为"第二故乡"的城市。他完全料想不到在海牙的四年会是他一生中最平和的时光。

勤勉的职员

文森特在高比尔商会上班了,他是那里最年轻的店员。

令人吃惊的是,在各方面文森特似乎都派不上用场,唯有包装或拆卸行李是例外,而他居然对此做得很娴熟。

此外,凡是店里所有的油画、复制品、木版画和铜版画等,他都能记得一清二楚,给顾客们留下了良好的印象。

德尔斯特哈经理曾给德奥牧师写过一封信,极

※热闹的高比尔商会

力赞扬文森特的热忱和诚实,大意是:"令郎对这门生意干得很起劲,我想他将来一定能在这方面获得相当的成就,我敢保证。虽然有时候,他会因为热心有余,在卖画的时候跟客人发生争执,但影响不大,主要是因为他还不习惯的关系,我想这个缺点他很快就会改正过来的。"

梵·高家人接到这封信后,才完全放下了心。

"也许真是没有什么好担忧的,文森特在人生的大海上刚一起航,就懂得尽忠职守,努力去干……"

德奥牧师夫妇想到这里,心里也就高兴起来了。确实,梵·高是一位模范青年,每逢星期日,他总是到美术馆去欣赏古代大画家的作品,或者就留在房间里读书。

他寄宿的地方,是本市一个富裕家庭,饮食起居都很好,这也是他心情十分愉快的原因之一。

在这段时间他的父亲离开了宋德尔特村,到赫贺尔特村的教会去了。不过,牧师的职位仍然没有升级。

不久德奥弟弟忽然到海牙来探望大哥。这年,德奥已经十五岁了。

"大哥。"

"啊?德奥,原来是你。"

兄弟俩久别重逢,喜悦之情洋溢在脸上。

文森特看到弟弟的身体和思想都很成熟,倒是吃了一惊。德奥也发现大哥对画商的工作非常认真,心情也十分愉快,已变成一个雄赳赳、气昂昂的青年了。

他们一起玩了好几天,常常偕同逛街或倾心交谈,每一字、每一句都能说到对方的心坎里,这已经不是以前那种不成熟的手足之情,而是一种成人之间的新感情了。

德奥返回赫贺尔特村后,就给大哥写信,文森特也马上回复:

谢谢你的来信,欣悉你已经平安到家,我就放心了。今天黄昏回到宿舍,因为看不到你,心里总觉得很不自在。

我们一起住了几天,无比的愉快,尤其是一起散步,到处观光,更令我难忘。

炎热的天气真令人讨厌,你每天要走路上学,想必很热吧。昨天的博览会里有赛马,可惜天气不太好,幸好你没有留下来观看,否则会失望的。

由于孩子多,牧师这一家人生活贫困,孩子们长大后必须要自谋生路。德奥跟大哥见面后，看到他认真工作的态度，备受感动，便暗自下定决心，将来也要独立奋斗。

不久，父亲和伯父商量，决定让德奥从1月份起到高比尔商会设在普留塞市的分店去工作。文森特知道了这个消息后，立刻写信给弟弟德奥：

我刚看完爸爸的来信，这真是一个好消息，我衷心地祝福你。

你一定会喜欢这份工作的，事实上，这也是很伟大的事业，你愈认真做，就会愈想做。我一想到你和我的职业相同，而且会在同一家商会服务，真有说不出的高兴，今后一定要常常通信，保持联系。

我希望在你起程以前跟你见一面，有许多话想跟你当面谈谈。

普留塞市是一个美丽的都市，刚开始你也许会不习惯，慢慢就会好起来的，希望你能经常来信。

德奥弟，我一听到这个好消息，就迫不及待地想要把我兴奋的心情告诉你，因为时间仓促得很，这封信也就写得很简单。

祝你幸运，请永远相信我。

文森特果然如他信上所说，在以后的二十年里，始终遵守诺言，一直到去世之前，仍不断地写信给德奥弟弟。

文森特在高比尔商会工作四年，他那认真的态度和负责的表现，确实是有目共睹的，经理为了嘉奖他，把他调往伦敦的分店去。

知识链接

铜版画

铜版画，也称"蚀刻版画""铜刻版画""铜蚀版画""腐蚀版画"，是版画的一种。指在金属版上用腐蚀液腐蚀或直接用针或刀刻制而成的一种版画，属于凹版。因较常用的金属版是铜版，故称铜版画。铜版画艺术典雅、庄重，在国际上一直被认为是一种名贵的艺术画种。历代大师都曾热衷于铜版画的艺术创作。从德国的丢勒，荷兰的伦勃朗，西班牙的戈雅，法国印象派的马奈、莫奈、西斯兰、德加等直至现代的毕加索、马蒂斯，诸大师都留下了十分精美的铜版画作品。

发现自己的世界

确定一生的追求

◇ 图 说 名 人 ◇

名人名言

> 为了工作,为了成为艺术家,一个人需要爱。至少,要使他的作品不缺乏感情。他首先要自己感觉到这一点,并且爱工作、爱生活。
> ——梵·高

高比尔商会伦敦分店位于伦敦市中心,这里没有海牙那么忙碌,所以文森特有了很多闲暇时间。在他租住的新宿舍,他认识了房东的女儿薇斯拉,并很快喜欢上了这个年轻美貌的姑娘。相处一段时间之后,文森特决定向薇斯拉求婚。可是当他终于鼓足勇气的时候,薇斯拉却惊讶地说:"我已经订婚了,我以为你已经知道……"

文森特顿时绝望了,原来一直以来都是自己在一厢情愿!

"失恋"的打击让文森特开始自闭,这种影响直接体现在工作上,很快公司决定辞退这个接二连三出错并始终无法摆正工作态度的人。

瞬间遭受了情感和事业的双重打击,文森特开

※ 梵·高作品——《日出印象》

始读《圣经》来缓解内心的痛苦。于是他迷上了传道。

1878年，文森特随父亲前往拜访传道委员会的芳德普林牧师、比达森牧师和德约牧师等人。

接下来的日子，文森特一心传道，不顾劳苦地尽心帮助身边的人，传道委员会认为这位执著的年轻人干得很出色，所以很快就授予了他传道委员会会员资格。可是后来几次面对传染病或其他危险情况时文森特的奋不顾身却让人们觉得他是一个疯子，于是传道委员会又取消了文森特的会员资格，文森特被迫离开，因为身无分文，要想尽快前往布鲁塞尔，他不得不连夜赶路。

比达森牧师发现文森特在独自一个人连夜赶路时，吓了一大跳，再一定神，只见文森特衣衫褴褛，脚底流血，狼狈不堪，好像一个乞丐或幽灵似的，不禁非常感动。

牧师听了文森特的一番陈述，又看见他带了许多速写画，好奇地问："梵·高，我不知道你原来有这样的才华，我空闲的时候也画过水彩画——好吧，我买下你的两幅画，你先到我家来好好休息几天。不知道你现在有什么打算？"

"你的正式资格已经被取消，无法恢复了。不过，我要去找鸠姆牧师想想办法。"

※ 梵·高的早期作品

比达森牧师亲切的安慰，使走投无路的梵·高，在情绪上稍微稳定下来。

有一天，德奥突然来访，当时他已经是高比尔商会的模范店员，10月将到巴黎总公司服务，现在特地抽空来看看大哥。

兄弟俩沿着古老的运河在荒废的煤矿坑附近漫步。这对曾经相亲相爱、彼此了解的兄弟，现在见了面，也开始彼此意见不合，对某些问题还争论得很厉害。

德奥说："以前，对于许多问题的看法，我们的意见都是相同的，现在，大哥完全变了，你已经不再是以前的大哥了！我看你还是回家一趟吧，大哥，你的生活方式非得改变不可。"

文森特愤怒地耸耸肩膀说："我是一个传道士，我有责任安慰这里的煤矿工人。"

"你现在不是不再讲道了吗？"

文森特默不作声，望着灰色的天空嘘了一口气。

不过，德奥走了以后，文森特又立刻写了一封信给他。

德奥弟：

感谢你百忙之中抽空来看我，虽然时间仓促，但能相聚几天，依然令我兴奋不已。人生的际遇千变万化，我们应该好好珍惜相聚的时光才是！

我何尝不盼望拥有亲情、爱情和亲密的友人！所以，你特地跑来看我，真使我高兴。

现在，我暂时不想回家，甚至，想一直留在此地。至于真正的目的何在，我也说不出来，这是我的缺点。

今后，我所要走的路无疑是困难重重，回想你不远千里来看我，真是非常感激。当然，我也想起我们的争辩，当时，我的确愤怒过一阵子，因为我不赞成你的意见。回顾我以往的所作所为，虽然横遭无情地打击，但我却问心无愧。

倘若你认为，照你所说，我去做名片图案设计、会计员、木匠学徒、面包店员，或者遵照别人的指示去行事，我就可以变好的话，那你就大错特错了。

这时候，你也许又会说："你凡事要切合实际，不能整天糊里糊

※梵·高作品——《圣玛丽海景》

涂地过日子。"

其实，我不是一个懒惰者。倘若你认为我是这种人，那就太遗憾了。

小鸟脱换羽毛时，会有一些苦痛；同样，一个人倒霉的时候，情形也是一样。看起来似乎脚步不稳，殊不知也说不定从此会脱颖而出。

对于文森特来说，崭新的日子何时会来临呢？

其实，在他的心灵深处，这个日子早已来到了。

想做传道士的目标惨遭失败，埋怨是没有用的，必须要面对现实，好好反省才对！在目前的情况下，应该怎么办呢？

德奥弟：

我目前唯一担心的是，自己到底能做什么？到目前为止，我竭力想去帮助别人，但为何总帮不上呢？

我所要说的是，即使是一张图画，也像音乐般可以使人陶醉并从中获得安慰，我到底要靠什么去获得安慰呢？

我常常告诉自己，再度拿起铅笔，开始画画吧！只有在那个时候，我才会完全改变自己。

德奥弟，你不必为我担心，只要能继续工作，我一定会成功的。

※ 梵·高作品——《矿工》

文森特终于发现自己的世界了——绘画。

从孩童时候起，在不知不觉中所接触的世界里，绘画始终伴随着文森特，现在若能继续向前推进，那真是好极了。

每想到这里，文森特就会联想到过去那段极端痛苦、落魄、迷惑和到处飘荡的日子。不过，现在总算有了一线生机。不管会碰到怎样的困难，一定要继续走上这条路。

文森特在一位名叫杜留克的矿工家里租了一个房间，早晚跟房东的孩子在一起，房间虽然狭小，但这里却是梵·高的第一间画室。

文森特开始画画了。早晨一起床，就去速写矿工匆匆出门的情形。回到房间后也不休息，接着又模仿米勒和伦勃朗的作品，有时也到庭院去画画。

转眼又是初秋，今年似乎特别冷，凛冽的寒风从平原吹来，令人瑟

疯狂的画家——梵·高

※ 梵·高作品——《花园中的玛格丽特》

瑟发抖。不过，文森特的内心却一直在燃烧。他思索着该怎么把心里的东西显露出来才好，那些东西又是什么？

当父亲寄来的钱用光时，他就只好将几张速写拿去换一些面包和五六个芋头，有时候甚至好几天都没东西吃。

这样三餐不继的日子结果会怎样呢？不用说，文森特的健康果然是一天不如一天。

文森特回到家乡，孤零零地进入牧师公馆。老父怜悯地看着衣衫褴褛，既无行李又无分文，仅携带几幅素描回来的爱子。而眉头深锁、脸颊瘦削的文森特，一句话也不愿多讲，一副狼狈不堪的样子，显然又惨遭失败了！

老父用爱惜的目光望着这位已二十六岁，却尚未步入坦途的儿子。

不过，父亲已经发现了一个事实：在文森特碧绿的眼睛里，开始燃起了一股对艺术的热情。

文森特开始继续画画，他写信告诉弟弟：

只要天不下雨，我就每天到野外去。我画了不少野外的房子和茅屋。同时，也画茅屋对面的牧场、水车、教堂院子里的大树、宽阔的地面、匆忙工作的木工，此外也画马车、马房和手推车等。

那幅《木工》画得最令人满意，想必你也一定会欣赏的。

我买了一册卡萨纽著的《水彩画指引》，不停地加以研究，获益不少，例如远近法，我已经学以致用。

我想告诉你的是，我的速写和绘画技巧居然有了变化。《耕作者》这幅画，我曾从各种不同角度来画它，至少画过五次，《播种者》也画过两次，《拿扫帚的少女》也画过三次。

此外，我又画了《戴白帽子的少女》《生病的农夫》《饲羊》等作品。

当然，我不会因此而满足。矿工、播种者、耕作者——我要不断地把这群人生活的真实状况描画出来。

文森特埋头苦干，豪情万丈。但是有一天，他突然一句话也不说就离家出走了。

他到哪里去了呢？

结识良师益友

文森特一口气走到布鲁塞尔,住在车站附近的一间新盖的房子里。

他立刻给家里和德奥写信。

德奥弟:

我不得不匆匆忙忙做这个决定,希望父亲能按月寄60荷币给我,其他的事大可不必担心。我要在比利时的首都好好地充实自己。我一到这里,就马上到美术馆去参观,只要能欣赏到名家的杰作,我就心满意足了。

※ 美丽的布鲁塞尔广场

疯狂的画家——梵·高

梵·高作品——《田野》

文森特所盼望的是，追求新知识并结识一些美术家，以便互相切磋、鞭策自己进步。

他把这个心事告诉德奥，德奥果然不负大哥的期望，立刻协助介绍了几位美术家。其中一位是荷兰画家冯·拉帕尔特，文森特特地专程去拜访他。

拉帕尔特是一位富有的贵族，当时仅有二十二岁。他对描画农夫与工人生活很感兴趣，这使文森特十分感动。

他们一开始就建立了深厚的友谊。拉帕尔特认为眼前这个人极有个性，因为梵·高单刀直入地问他"美术家的解剖图"，并从头到尾讨论了三次。文森特曾亲临美术馆去描摹大画家的作品，而且也读过各种书籍，简直一点闲暇时间也没有。

尽管如此，他还不断地抱怨："非要赶紧再下些苦功夫不可。"

在拉帕尔特的画室里，文森特跟他一起研究远近法。

此外，他也开始以老仆人、

27

工人、青年和士兵等作为素描的对象。

冬天过去了，拉帕尔特回到荷兰的家乡，文森特又陷于孤独。

对于目前的文森特来说，布鲁塞尔的生活费未免贵了些，他实在难以支撑下去。因此，除了回家以外，他再没有别处可去，而且返回父母亲身边，至少可以免去吃住的费用。

1881年4月，文森特又回到家乡。一进家门，父亲便告诉他，弟弟德奥已经寄了好几次钱回来，要父亲转交给他。

德奥对大哥经济上的支持，一直维持到文森特去世为止。

整个夏季，文森特都生活在幸福中。

牧师的家人看到文森特终于发现自己的目标，都很为他高兴，纷纷从旁鼓励。

期间，拉帕尔特曾经来访，并且停留了几天；德奥也特地从巴黎回来探望大哥。

文森特怀着敬爱之心，给头戴黑色帽子、身穿白领黑袍牧师服装的父亲画了一幅肖像，五十九岁的父亲一直用深沉的眼神注视着他。

有一天，父亲对他说："我们家族的一位亲戚安顿·莫普，也是鼎鼎大名的画家，不妨把你的画拿给他看看。"

文森特答应了。

当时，莫普刚刚四十岁出头，满脸胡须，他很欢迎文森特的来访。

其实，他对这位表弟的绘画天才早就有所耳闻了。

表弟坎坷波折的遭遇令人慨叹！而莫普是被一群荷兰富翁推荐成功的画家。相形之下自己真是太幸运了，莫普以这种心情欢迎文森特。

当文森特拿出自己的速写作品时，莫普仔细地看起来。莫普仔细看了两三幅作品，然后给了这位表弟几点诚恳的忠告："尽量反复练习模特儿的写生，你要用木炭、白墨笔和刷子，并且要勤加练习才好。"

文森特感激之余，兴高采烈地回家去了。他深信莫普足以激励起自己的才华。

几天以后，文森特伯父大概从莫普口中听到一些消息，得知这位潦倒不堪的侄子具有卓越的绘画天才，特地送来一箱水彩画用具。

文森特大喜过望，便如醉如痴地埋头作画。

为了能熟练使用铅笔、木炭、笔、墨和水彩，他不分昼夜地练习。他写信给弟弟说：

德奥弟，我深深觉得人物的画

疯狂的画家——梵·高

法对风景画的影响极大。即使画一棵柳树，只要设法赋予它某种生命力，自然能画得栩栩如生。把所有注意力贯注在这棵树上，一直到呈现生命，否则绝不停手。

倘若不用画人物的心情来画树木，画出来的树木将犹如没有骨骼的人物一样。

从今以后，我不会再像以前那样站在大自然面前茫然凝视了。其实，大自然总会分散艺术家的注意力，若想努力克服这一点，一定要朝着正确的方向前进。

大自然是很难捉摸的，但是，我非使劲儿捉住它不可。

目前，我还不敢说自己有了相当的造诣，但我自信已经渐入佳境了。

突然，文森特好像春天野外的云雀一样快活起来。

夏天，牧师公馆来了几位访客，其中有一位带着四岁幼子的女性，名叫凯伊·佛斯。

她是文森特的母系亲属司多利凯尔牧师的女儿，最近死了丈夫，今年才二十四岁，文森特似乎已爱上她了。

文森特当然会和一般人一样憧憬人生美景，例如偕同娇妻爱子、享受丰衣美食等，这就像孩童时代编造的故事——建立鸟巢似的家庭，该是何等的幸福！

文森特的脑海里，又浮现出当年向薇斯拉倾吐爱情时的回忆，不免犹豫起来，倘若再遭拒绝，该怎么办呢？

每次到野外写生时，文森特都会邀请凯伊带着孩子一起前往，当孩子到一边玩乐时，文森特便趁机停下笔来，陪着她聊天。文森特热烈地爱上凯伊了，结果如何呢？可以看他写给弟弟的信。

德奥弟：
想象中的事终于发生了。

※ 凯伊·佛斯

今年初夏，我似乎深深爱上了凯伊表妹，无法自抑地将情感投注在她的身上。不料，她却毅然回答："我要自己过一辈子。"

碰到这种情形该怎么办呢？难道非听她说"不，绝对不行"这句话不可吗？倘若还有一线希望，是该灰心，还是该继续追求下去呢？

我选择了后者，我不会放弃这个想法，凭自己的本性也不会放弃。我要拼命用功，实现自己的愿望。自从见过凯伊之后，我的工作境况也突飞猛进了。

鸟巢的美梦终于破灭。受惊的凯伊回到阿姆斯特丹。但是，文森特仍然不死心。

他每天都写情书，对方不但不看，反而原封不动退了回来。

文森特的父亲对儿子的求婚持反对的态度，并且严厉指责儿子的做法。于是，父子之间起了冲突。

文森特暗下决心，准备亲自到阿姆斯特丹找凯伊谈判。他把德奥弟寄来的钱储存起来当旅费，起程前往阿姆斯特丹去了。

德奥弟：

那天夜里，我在阿姆斯特丹，为了找寻凯伊的家，竟然步行到凯塞尔斯格拉哈。当我按门铃时，她们一家人正在吃饭。

除了凯伊之外，大家都坐在餐桌前，每个人面前都放有碟子。

大家都骗我说她出去了，但我深知她仍在家里，这倒是很滑稽的事。

"凯伊在哪里？"我问。

"她出去了。"她母亲回答。

"她一听说你来就出去了。"她爸爸说。

这时候，我努力保持镇静，态度亲切地跟他们交谈。不料情绪逐渐兴奋起来，我的癫痫症发作了。

我伸手抓住身边的灯罩说："我的手要伸进灯罩里。让凯伊出来见面吧。"

她的爸爸咆哮起来："混蛋！"说完就把灯熄掉，并表示决不让她出来见面。我心里感到一阵难过。爱，已经消失了！

你知道我是信神的，我也不怀疑爱的力量。但是，我却逐渐感到神已把我抛弃了！

文森特伸手抓住电灯，他的身体里闪过一阵强烈的热流，好似受了极大的震荡。

这一次，文森特受到了重大的打击，跟当年追求薇斯拉失败后的情况一样。

陷入绝望而无精打采地回家的

疯狂的画家——梵·高

※ 梵·高作品——《有云雀的麦田》

文森特发现全村的人都在嘲笑、谩骂他。

"怎么这样不自爱呢?连自己都养不活,还要追求人家的寡妇,真是岂有此理!"

他与父亲之间的感情也愈来愈恶化,父亲骂儿子不道德。

文森特在家里陷入了沉痛与苦恼之中。为了逃离这种环境,12月初他便前往海牙。

曾在去年夏天赞赏他才华的安顿·莫普,可算是一个真正同情他、了解他的人。

莫普欢迎文森特这位不速之客,同时很诚恳地安慰他、鼓励他。文森特满怀感激之情,把手上的速写作品给他看,请他指点,文森特几乎对他执弟子之礼。

莫普也毫无保留地指导他有关油画的初步常识。接着,文森特画了几幅静物。

"祝贺你初次登入堂奥,我送你画具箱和调色板。"

莫普说完之后,就拿出一套画家所应具备的工具来,文森特大喜之余,就把画好的静物——萝卜、芋头、红番薯和苹果等作品带回家去。

牧师公馆里依然是冷冰冰的气氛，令他十分难受。

德奥弟：

圣诞节那天，我跟爸爸大吵了一顿。爸爸让我干脆离家算了，看他语意坚决，我在当天就离家出走了。

吵架的原因表面上是由于我拒绝上教堂，记得我当时气愤地回答："纵使是义务，今后也绝对不去教堂。"

事实上，还是因为凯伊的事……

离开家的文森特终于又去了海牙，莫普在车站附近的巷子里给他找到一间小画室。在这里，文森特一面接受莫普的教导，一面拼命地作画。

德奥弟：

纵使我倒下九十九次，到了第一百次我也应该能够站起来的。但是，现在已经不能要求父母亲资助我生活了。

不用说，在你能力范围内，若能偶尔寄些钱给我，那是最好不过了。

这里的大自然，美景如画。只要我的油画技巧有所进步，总有一天能够将这种美景表现出来。

德奥弟啊，色彩实在是伟大！

我的大部分生活几乎都投入在油画里了。这种决定不知对不对？

好几天过去了。

莫普一直待他很亲切，所幸有莫普的照顾，文森特才能以画家的身份出入该地属于画家集团的普利库利俱乐部。

因此，他每周享有两次免费描画模特儿的机会，同时也能借此机会认识许多画家。

可惜，他跟莫普的关系并没有能够维持很久，不到一个月，莫普似乎就显露出一副冷淡的态度。

一天，莫普不客气地把文森特的作品摔在地上说："你非从头学

※ 梵·高作品——《一双鞋子》

起不可,每天好好画石膏像。"

文森特在自己的画室里,虽然也准备了阿波罗像以及若干手脚的石膏模型,却没有心情画下去。他暗暗地埋怨:"尽画这些无生命的东西有什么用?"

德奥弟:

有一天,莫普用最无聊的语气跟我谈到石膏模型的保管问题。当时,我虽然竭力抑住自己的情绪,但一回到家脾气就发作了,把阿波罗像摔到煤炭箱里打得粉碎。

我对自己说,倘若这个纯白色的石膏像能恢复原状,且手脚都还在的话,莫普一定又会叫我画了。

后来,我对莫普说:"我实在听不进去,请你别再提到石膏模型了。"

结果,莫普来信说,不要再见到我了。

文森特又变得孤独而落魄。不久,他就开始为金钱的事情操心了,虽然德奥每月寄来100荷币,但只能维持短暂的日子。每到月底,他连续几天都吃不到面包。

"我需要钱用,干脆卖画算了!"文森特一直考虑卖画的问题。

3月初,他毅然拜访了以前服务的那家高比尔商会的海牙分店经理德尔斯特哈,拜托他买几幅画。

经理见以前的店员来卖画,倒觉得很有趣。他把文森特带来的几十幅作品评长论短一番才花10个荷币买了一幅,而且还以讥讽的口吻说:"最好画些比较好的水彩画。你的主题和手法都无法吸引顾客的注意。此外,最好常用模特儿。"

文森特一句话也没说,只把当时的心情通过书信告诉了德奥弟弟。

德奥弟:

德尔斯特哈在我面前胡扯一番,说我最好别吃饭,把钱储存起来,否则没有模特儿怎能画画。他又说对于人物画家来说,没有模特儿无疑是死路一条。

3月的某一天,有一位做画商的柯尔叔叔特地从阿姆斯特丹来访,并向文森特订购了一些画,他真是喜不自胜。

德奥弟,简直是奇迹!

柯尔叔父向我订购了十二幅海牙风景的小版画。其中有几幅已经画好了。

柯尔叔父跟德尔斯特哈一样,谈到生活费的问题时,也胡说八道

※梵·高作品——《鸢尾花》

了一番。当时,我就趁机对他说:"为生活而绘画吗?这到底是什么意思呢?——是否表示应该多画些畅销的作品呢?生活过不下去,的确是很痛苦。无奈,我的运气不好,虽然拼命想赚点钱,结果依然不能如愿,这真是极大的不幸。如果说,我的画比不上面包,那就太过分了,等于是叫我难堪。"

我担心叔父听了我这番话会大发雷霆,幸好他没有。

明早,我要去找画题。

对于当时的文森特来说,柯尔叔父特地来订画,诚然令他高兴万分。不过,他叔父所期望的作品,是像明信片上那种市内的名胜古迹之类的,而文森特所画的,却是贫困市街的景色。结果他只订购了一次,就再没有下文了。

"文森特啊,现在你真正想画的是什么呢?"

倘若有人这样询问,文森特怎么回答呢?

他可能会说:"人,我想用好的模特儿,画出真实的人来。"

疯狂的画家——梵·高

梦幻般的鸟巢

这两天文森特把速写用具收拾好,独自一个人失魂落魄地在海牙的大街小巷徘徊。

1882年1月的一个夜晚,他偶然走到一间酒店旁边,跟一个陪酒女郎聊起天来。

那个女人名叫库莉斯吉娜,高高的个子,身体虽然很结实,但是,由于长久以来悲惨的生活,而且沉迷于酒色,她显得疲倦、瘦弱、脸色苍白……

从童年时代起,她就尝尽了人间的苦难和辛酸,无异于被神所抛弃的女人。

文森特知道她的身世以后,很同情她。

"你能做我的模特儿吗?"文森特请求她。

"像我这种人能够做模特儿的话,高兴都来不及呢!不过,你得付报酬啊。"她答应了。

※ 梵·高作品——《悲伤》

于是,她就成为文森特的模特儿了,文森特立刻写信告诉德奥弟弟。

德奥弟:

现在,我结识了一位模特儿,而且不只她一个人,连她的家人也答应跟我合作了。她本人三十岁，有一个十岁大的女儿和五十五岁的母亲。这一家贫困的人，都高高兴兴地愿意为我摆出各种姿势。这个女人的面孔并不美，脸上长满疤疮，不过身体却很好看，相当吸引人。

她们的身材都很不错，尤其是穿上黑色毛织品和漂亮的外套时。

你无须担心模特儿的费用，因为我事先已跟她们谈妥了，只要能把画卖出去，每天支付1荷币。

库莉斯吉娜已经是三十岁的中年妇女，几个孩子的生父是谁她都不知道。目前，只有一个十岁的女儿和她在一起。

虽然库莉斯吉娜情愿为文森特摆出各种姿态，但大都显出萎靡的表情，背部呈弓形，坐姿多为侧面。

其中有一幅题名为《悲伤》的素描，赤身裸体的瘦女人把脸伏在手臂上，画上有文森特写的几个字："在这个世界上，一个被抛弃的女人陷入了绝望中。为何会有这种事发生呢？"

文森特全力协助这个不幸的女人，给她吃富有营养的食物，带她到医院检查，为此，他甚至连自己仅有的衣物也卖光了。

库莉斯吉娜除了做模特儿之外，也给文森特缝补衣服或料理三餐。

德奥弟：

我碰到一件令人感动的事，那个可怜女人跟我说，不给报酬亦无妨。但是，我拒绝了。她有时候会这么说："我今天并不是来做模特儿的，只是来看看你今天晚上吃些什么。"

接着她又端些豆类和芋头过来。

可见人生还是有存在的价值。德奥弟啊，米勒这个人真了不起！昨天，我读了一本关于他的书，我发现一句有意义的话"艺术是战斗"，我必须将生命献给艺术。

不久，文森特和库莉斯吉娜的事闹得满城风雨，成了人人皆知的花边新闻。

"真是无聊的男人，竟跟那种不三不四的女人鬼混，不觉得羞耻吗？"

连难得一见的莫普，也将他臭骂一顿。文森特却不去理他。

德奥弟：

我不知道那些正闹得满城风雨的花边新闻到底是在责备我什么！抛弃女人跟拯救被抛弃的女人，到底哪个是高尚的？谁是男子汉？

去年冬天，我结识了一个可怜的女人并请她当我的模特儿，整个

疯狂的画家——梵·高

冬天合作愉快。

多亏这样，我才解决了生活问题，而且能让她和她的孩子免受饥寒交迫的折磨。

如果是别的男人，在这种情况下，恐怕也会跟我采取相同的做法。不过，我生活的来源是你提供的，你听到这些消息时，不会背弃我吧？我还等着你的回信。

文森特认为，若要拯救这个女人，唯一的办法就是跟她结婚。

不过，这样一来，恐怕连德奥也会反对的。

倘若勉强结合，不但会遭到家庭和朋友的唾弃，恐怕也不会被社会接受。文森特很可能会陷入贫困，以致死无葬身之地。但他跟以往一样，并不考虑后果。

德奥弟：

虽然这种做法不能被世人谅解，但我倒不以为是坏事。因为我可以靠做工谋生。

我对她说："我是穷光蛋，你跟我在一块儿，受得了吗？如果不能忍受，今后干脆一刀两断算啦。"

"不论你怎样贫困，我也会跟你在一起，决无二心。"她回答道。

如果我们要结婚，生活上就得尽量节俭。因此，我要努力工作。我今年三十岁，她比我大一岁，双方都不是小孩子了。

在此以前，没有一个人帮助过她。她真是一个被抛弃的女人，孤苦伶仃。我曾怀着真诚的爱和温暖的心对待她，她也能感受到我的情感，正在自救之中。

若真心要拯救她，只有这一条路可走。

不久，文森特全身发烫，神经错乱，晚上睡不着觉。情况愈来愈严重，6月初，他终于入院就医。

库莉斯吉娜也因生产而进入附近的莱丁医院。文森特暗中下了决心：待她生下孩子后就跟她结婚。

文森特在医院里住了将近一个月，好不容易才恢复健康。出院以后，他立刻去探望库莉斯吉娜。

她无精打采地躺在病床上，抱着一个睡得正甜的小男孩。文森特好像看见自己的儿子一样，用手轻轻地抚摸他。同时安慰库莉斯吉娜

※ 梵·高作品——《森林中的白衣女孩》

说："你恢复健康以后，就搬到我家来，我会尽量照顾你的。"

为了迎接她，文森特想出了一套计划。他用德奥寄来的钱租了一间稍微大一点的房子，又到家具店去买了一个大衣橱。

出院后的库莉斯吉娜和婴孩以及另一个女儿，就在这里安顿下来，梦幻般的鸟巢家庭，就此成立了。

文森特终于生活在幸福中了。

"德奥弟啊！如果你能来看我，你就会安心的。我不再消极，也不再悲伤了。"

"我要尽量让这个可爱的家庭充满生气，并且让这个家成为真正的画室，这里有一个衣橱和孩子的椅子。"

不过，由于德奥的坚决反对，他并没有跟库莉斯吉娜举行正式婚礼。

文森特兴致勃勃地开始工作了。他画婴儿的摇篮——一个属于自己的乐融融的家庭。

他也画柳树，柳枝虽柔弱，但能抗拒暴风，不为暴风所折，树上还有鸟巢，这一切情景宛如自己的生活。

不过，对于文森特来说，这只不过是幻想中的家庭罢了。

冬天来了，德奥的担忧果然成了现实。

文森特债台高筑。

接着，他与库莉斯吉娜的感情几乎崩溃，除了贫穷之外，还有其他原因。本来，文森特的爱情完全出于同情，如今似乎逐渐正在改变中，他开始以冷静的眼光注视身边的这个女人。

"以前，我对德奥弟说你是'一只乖巧的鸽子'，但是，现在的你，似乎变成'破坏巢穴的窝囊雌鸟'了！"

她一听文森特的讥讽，不禁大发雷霆地吼起来："你胡扯什么？像你这样一毛钱也赚不来的人，才是真正的窝囊丈夫呢！"

文森特此时突然想起医生的警告："这个女人患有神经病和酒精中毒等恶疾，再过几年，你就得小心提防了！"

库莉斯吉娜常常偷偷喝酒，尤其她的母亲居然从旁兴风作浪。

"跟这种穷画家鬼混，倒不如早日分开好，难道他会有出人头地的一天吗？不如回到我这里，跟以前一样生活，自由自在，谁也管不着。再说，他连模特儿费用都不肯支付，显然把你当野鸡啦！"

话虽如此，倘若文森特现在就把她甩在一边，她马上又会陷入以前那种暗无天日的生活，这样做未免太绝情了！

在这种情况下，文森特内心的

疯狂的画家——梵·高

※ 梵·高作品——《森林中的两名女子》

苦闷与日俱增。

1883年5月的信里,他把此事告诉弟弟。

德奥弟:

上次给你写信时,我就告诉过你,库莉斯吉娜目前陷入了困境。她的母亲要她离开我,因为她母亲嫌我的收入太少。如果我现在就离开她,无疑是再度把她推入火坑,我能这样做吗?

德奥很为大哥担忧,8月间曾特地从巴黎赶来探望他并且帮他还债,也劝他离开那个女人。

文森特曾一再阻止库莉斯吉娜去看她的母亲,但是库莉斯吉娜总是偷偷地到她母亲家去,回来时总是酒气熏天。文森特咬着牙说:"我要到杜雷特去画画,你跟孩子也一起去。"

库莉斯吉娜则不理睬他,因为她根本没有去的意思。

一切到此结束了。

德奥弟:

今天,我跟她做了最后的谈话。我说:"为了工作,我必须离开这里。你大概不是一个诚实的女人,但是,你要是尽可能诚实,我也会画得尽可能诚实。

只要你能认真工作、把孩子教育好,纵使你去当女佣,孩子们也会尊敬你的。不管你有什么缺点,在我的眼中,你还是一个很善良的女性。"

德奥啊!我之所以不想离开她,你大概能理解我的心意吧,因为我们曾经一直能够原谅彼此的缺点,并重归于好……

我不知道这是不是爱情,但至少我们两人之间曾有美梦存在过。

文森特把剩余的一块油画布料递给库莉斯吉娜说:"把这个拿去给孩子做衬衣。"

虽然她怀里的孩子不是自己的亲生骨肉,但是,文森特仍然非常喜爱他。

文森特一手创建的家庭终于以悲剧收场。此后,该要梦想怎样的鸟巢呢?文森特不愿再回忆过去。

只有前进,不论有任何变化,都必须努力画画,这才是实在的生活。

它并不是一条普通的狗

多年来,文森特已经被磨炼成了一个卓越的艺术家。他明白自己的能力,也似乎能很明确地判断世界与自己的区别与联系。

他给德奥的信里,似乎每一句话都能预料自己今后的命运。

德奥弟:

我料想自己今后作画的时光,大概还有六年到十年光景。长命或早死,对我来说都不是什么了不起的事。

有一件事倒是非常确定的,那就是在这短暂的时光里,我必须完成自己该做的事情。

过了三十年放浪与漂泊的生活,欠下无法偿还的债务以及许多无法解决的事情都让你惦记着,我只得怀着感激的心情,将所有的素描和油画留给你做纪念。

1883年9月,文森特前往海牙。该地位于荷兰的北部,到处都是花草茂盛的原野,而且还有风车、奇妙的桥梁、黄昏时的云霞。变化多端的大自然真是美妙无比。此外还有倾斜的茅屋、各种不同的树木。运河里的满载煤炭和麦秆的小船,也十分忙碌地往来着。

疯狂的画家——梵·高

文森特租了一间面向杜雷特的阁楼，就努力地开始作画，别人看见他那副模样，都嘲笑他是土包子。

然而他却毫不介意，自己是孤家寡人一个，反正已经习惯了，就跟大自然做朋友吧。

文森特给弟弟写信，如同作画一样地有劲。

德奥弟：

小块麦田的边缘呈现出清朗的色调，秋天的落叶在微风中飞舞，发出瑟瑟的声响，金色的树叶和黑色的树干形成鲜明的对比。

充满光辉的天空没有一点儿阴影，那是一种无法形容的紫色，其中掺杂着红、青、黄等各种颜色，不管我走到哪里，始终能发现它在我的头顶上。

文森特始终觉得自己的画笔，有一种未曾有过的轻快感。

德奥弟：

我的内心近来发生了某种变化，我正孤独而寂寞地站在这灌木丛生的荒野上，感到自己的心灵正逐渐坚强起来。

在我的心里似乎蕴藏着某种卓越的东西。

不久，寒冷的严冬来临，凛冽的寒风吹袭荒野，像尖刀似地刺入肌肤，令人全身颤抖起来。沼泽地里更是阴雨连绵。

文森特携带着画具，到处走来走去，如同丧家之犬到处被人追赶。他希望找个有取暖设备的房子，或者找到一户住家。

到哪儿去找呢？究竟要上哪儿去呢？

1883年12月初的一天，脸色苍白、瘦弱疲惫而又孤独的文森特竟回到早已搬到诺恩讷的父母身边。

诺恩讷的牧师公馆位于村子的大路旁，算是一栋相当漂亮的房子。

这是一幢两层楼的建筑，墙上爬满了常春藤，茂密的树林围绕着庭院。

文森特与父亲间的关系比从前稍有改善。1882年文森特因病住院时，父亲曾经送来一些衣服和食物。

两年来，文森特经历了一连串的失败，德奥牧师会不会欢迎这个光吃饭不做事的儿子呢？

他轻敲着大门，此时，父母和弟妹们都还在休息。

文森特竟突然出现在他们面前，大家都很亲热地欢迎他，然而，却也仅止于此，因为大家都很难进一步地了解他。

父母亲暗自思索："我们跟这个儿子好像要用不同国家的语言交谈似的。"

文森特在牧师公馆停留期间，把洗衣服、堆置杂物用的那间房子收拾干净当作画室用，然后就开始作画了。他以农夫和纺织工人作为素描的对象。

不在画室的时候，他就穿着当地百姓穿的工作服，戴着小帽，一个人在牧场、沼泽旁边和泥炭地里走来走去。

在这里，德奥牧师很受村民的欢迎，大家都非常喜欢他、尊敬他；可是，对他那个突然归来的儿子，村民们却都冷言冷语，不表示欢迎。

村民们造谣，说他的坏话并对他投以轻视的目光，这使文森特觉得自己像一只癫痫狗。

德奥弟：

我感到最伤心的，莫过于离家两年后再回到家里时，大家表面上对我非常亲切，可是，彼此心中仍存有隔阂，家人根本不理解我。

我待在家里时，大家似乎把我看作一条大笨狗，我的心情坏透了！

这条狗所到之处，似乎也给大家带来了无限的麻烦，因为这条狗大声狂吠，又臭又脏。

其实，这又有什么关系呢？它有过无数坎坷的经历，它有一颗善良的心，它并不是一条普通的狗。

它目前虽然被人饲养着，但陪它一起生活的，好像都是些小毛虫。所以，它一定得去找个狗窝才行。

这只狗是父亲的儿子，它长期在原野上生活，所以野性难改，但是，饲养它的主人却忘了这一点。

而这只狗本身也不懂得自爱，并未把野性稍微收敛一些。

也许它会突然心血来潮，对着某人狂叫不止。果真如此的话，不妨叫猎人过来对准它发射一枪，杀死它算了！

其实这只狗私底下也很懊悔，因为即使是在那灌木丛生的原野上，孤独感不会比在家里少。

它在胆怯之余，也跑到村庄里来，希望大家能宽恕它的错误，打算今后不再这样可怜兮兮的了。

德奥接到这封信，深受感动，立刻写信给父母亲，婉转劝告他们，不要折磨这位绘画天才，应该以冷静、温和的态度鼓励他才对。

这封信果然有效，父亲与文森特经过一番诚挚的恳谈以后，终于取得了彼此的谅解，父子间的感情也恢复了。

德奥牧师写了一封信给德奥说：

关于文森特，起初我们真不知道怎么办，幸好现在一切都慢慢好转了。

为了让他能安心画画，我在他房间里装了一架很好的暖炉，床底下本来铺着石块，我把它装上木板，免得他的身体受到湿气。我问他要不要开一个大窗户，他回答说不要。

总之，我们鼓起勇气展开了一项新的实验，打算为他选择一些他所喜欢的衣服。他一向喜欢按照自己的理想和计划行事，但却也不能过分固执，这正是他的缺点。

不过，有一个不可否认的事实，你大哥对于绘画确实非常热心，自从他回家以后，已经画完了好几幅素描，我时常暗中注意他的行动。

文森特为了把留在海牙的画具带回家来，又特地到海牙去了一趟。

这一次，他又见到了库莉斯吉娜。自从离开文森特之后，她就去帮人洗衣服，生活愈来愈清苦，健康状况一天不如一天。当文森特看见孩子那张营养不良的面孔时，心如刀割。无奈的是，自己也帮不上忙。

文森特跟她匆匆谈了几句话，就回到诺恩讷的牧师公馆了。这是他们最后一次的见面。

1884年1月中旬，他们家里发生了一件意外事故。文森特的母亲到省城去办事，刚下火车时，不慎跌断了右大腿骨，结果被抬回家里。

"梵·高太太若不疗养半年，恐怕不能走路，说不定将来会变成

※ 梵·高的母亲

※ 梵·高的卧室

跛足。"医生说。

　　此时的文森特好像变了一个人似的，日夜在母亲的床边服侍。从前，他在玻里那玖矿区传道时，也经常照顾受伤与生病的矿工们，因为有过这种经验，所以他懂得怎样服侍病中的母亲。

　　大家看到这种情形，不禁感到惊讶，因此也就对他另眼看待，日子一久，对他的态度自然完全改变了。

　　"文森特实在是伟大，不愧是牧师的好儿子。"

　　凡是到牧师公馆来探病的人，都深受感动，异口同声地称赞他。

　　在文森特的心里，也在暗自思索："倘若继续服侍母亲，还得再待上一段时间才行，爸妈对我的看法也就会不同。"

　　他母亲的病情稍有起色后，往往由于一点儿小事，就发起脾气来，好像完全忘记了儿子侍候的辛苦，两个人又争吵起来。

　　文森特一怒之下飞奔出去，怀着激动的情绪画画，内容不外是农夫种植芋头、放羊、饲养羊群、满载芋头回家的情景。

　　有一次暴风来袭，文森特匆匆忙忙地跑回家去，母亲躺在病床上，一位邻居小姐正在牧师公馆探望母亲，这位小姐名叫马克·贝海曼，芳龄已四十，仍是单身。

　　她长得不怎么漂亮，也没有特殊才艺。不过，她对文森特却一见钟情。

　　有一天，贝海曼向文森特表达心里的爱意，使文森特吓了一跳。那是他生平第一次尝到女方主动示爱的滋味。

　　文森特很快就接受对方的爱情，而且准备和她结婚。他心里暗喜说："这次也许能够建造一个真正的鸟巢了！"

　　不料，女方的家长却表示反对。

"什么?我女儿要嫁给那个衣冠不整的穷画家吗?简直是笑话!我决不会答应。"

这位芳龄四十岁的老小姐会不会放弃自己的爱情呢?没有,她在伤心绝望之余,暗中下了决心。既然全家人都反对她下嫁给自己的心上人,干脆服毒算了。

德奥弟:

最近发生了一件可怕的事!

当天贝海曼小姐跟她家人谈起结婚的事情时,由于遭到家人的一致反对,她在绝望之余服毒了!

早在三天以前,我就曾跟医生谈到过她的情况,她的哥哥也在暗地里密切注意。

你不是读过那本《包法利夫人》(法国小说,福楼拜著)吗?其间谈到因为神经病发作而死的事,这正与贝海曼的情况相似,唯一不同的是,她是服毒。

记得有一次我俩静静地散步时,她对我说:"倘若我现在死去,那是多么愉快的事!"

当时,我完全没有发觉她的异样,不料,第二天早晨她忽然倒地,我以为是她身体衰弱,后来才发现情况不妙。

她喝下不少农药。我们立刻把她送进医院,我想,她也许过一阵子就会恢复健康。谁知道,事与愿违,你大概能够想象得到我为了这件事,心中是多么伤痛吧!

※梵·高作品——《夜间的咖啡馆》

杰作《食薯者》

此后,文森特的生活只有绘画,他不断地画素描与油画。他十分热衷于油画,可以说,梵·高这位油画家现在才正式诞生。

他油画的主题,大致可以分为三个方面:

第一种是教堂、牧师公馆、水车小屋和农家等具有当地特色的大小建筑物。

第二种是鞋子、瓶子、水桶和蔬菜等一些静物——这大概是他跟贝海曼朝夕梦想的家园。无奈梦幻破灭,只有借助这些静物画来表达相思之情了。

第三种是当地工作的农夫和纺织工人。

1885年3月,又有另一种主题诞生,他对这幅画下过一番工夫,题名是《食薯者》。

※梵·高作品——《食薯者》

德奥弟:

本周,我着手画一幅画,主题是晚餐时农夫们围在一起吃芋头。现在我刚回到家里,借着灯光画这张画,每天从早忙到晚,费时整整三天。

不料，26日发生了一件令人意想不到的事。

父亲从外面散步回家时，倒在了牧师公馆的大门口，大伙儿忙着把他抬进屋子里时，他已经气绝去世了。

我虽然常常跟父亲争吵，结果都是与他言归于好，可是他始终不理解我，实在是遗憾！

一想到这里，文森特不禁悲从中来，失声痛哭。

以德奥为首的亲属们都聚集在一起，举行亲属会议，讨论文森特父亲的后事。这时候，文森特想尽量不与人闹意见，便站在一旁默默不语。

当他们讨论到继承问题时，文森特坚决表示："我只希望今后无拘无束地生活，不要父亲的财产。"接着请求德奥："你回巴黎时，我也跟你一起去。"

德奥回答说："大哥，请你再忍耐一段时间，不久我就要升迁了，到那时再通知你来好啦。"

文森特再度埋首于《食薯者》，经过几次修改，才算大功告成。

德奥弟：

在暗淡的灯光下，一群可怜的人伸手猛抓碟子里的芋头吃，这是

※梵·高作品——《农妇像》（1885.3）

他们自己耕作得来的成果，我正努力地想把这种意境表达出来。

我希望透过这幅画，让一些文明人了解世界上还有另一群人，过着跟他们完全不同的生活。我不计较别人对这幅画的评价。

我似乎正以一个农民的身份，怀着与他们相同的想法，同时努力描绘他们的存在。

德奥弟：

依我看来，要画农夫，一定要先在大地上耕种。凡是与农夫有

关的作品，只要设法让其中特有的味道充分发挥出来，就算是相当成功了。

至于画有牛的小屋，就得让它感觉得出牛的味道，这才是好的作品。田里的小麦、芋头的味道、鸟粪或家畜的粪便味……只有具有这样的特征，才是健康的。

关于农夫的绘画，绝对不能散发出香水的味道。

没有想到，这幅《食薯者》却把文森特跟另一位画家朋友的友情给断送了。德奥的来信上说，他准备把大哥的作品介绍给巴黎的商人，所以要文森特赶快把作品寄去，不管哪一类都没有关系。

文森特立刻以那幅未完成的《食薯者》为题材，仅用一天时间便完成了石版画。

同时他又把这幅石版画送给冯·拉帕尔特。

不料，这位拉帕尔特脾气大得很，他责怪文森特没有把丧父的消息通知他，一怒之下，竟然将那幅石版画给摔坏了。拉帕尔特又写信责备他说："你本来可以有更好的作品，为何粗心大意不仔细观察？"

"为什么不去好好研究，角落上那个女人的左手搁在水壶上，另一只手放在桌子上，这是什么意思？水壶放在那里做什么呢？既不安排在适当的位置，也不拿在手上，简直无聊透顶！"

"右边的汉子没有膝盖、胃和肺部，又是什么缘故？那个汉子的手为什么那么短？"

"这种创作方法难道源自米勒的手法吗？你怎么这样糊涂？所谓艺术，必须是精心杰作，才能算伟大。"

文森特受到极大的打击，是可想而知的事。他没有回信。

过了一阵子，文森特的心情稍微平静之后，心想，不管怎么说，拉帕尔特总是一位知心好友，自己错在忘了把父亲逝世的消息通知对方，这是不应该的。

然而拉帕尔特对《食薯者》的批评则令文森特无法接受，文森特要求对方要冷静和客观，不要妄加

※ 梵·高作品——《村舍前正在挖地的农妇》(1885.6)

疯狂的画家——梵·高

批评。

于是，双方展开一场激烈争辩，互不相让，最后演变到绝交的地步。

5月，文森特正式完成《食薯者》。这就是梵·高现在留存下来的代表作之一。

事情终于接二连三地发生了。

村民们开始把文森特看成仇敌，他的言行被视为异端。

文森特跟那位新来的牧师处得很不好，于是，牧师禁止村民们做他素描的模特儿。

文森特逐渐感到情况严重，不再要求模特儿的合作，整天把自己关在画室里，继续画芋头和郁金香的茎根等静物。

文森特已经无法在诺恩讷容身了。但是，要到哪里去呢？他犹豫起来。难道要回到杜雷特的荒山郊野去吗？当然不行。那么，还有什么地方可去呢？

忽然，他灵光一闪，一个城市的名字浮现出来——安特卫普。

文森特情不自禁地欢叫起来。

"我无论如何都得去安特卫普看看路贝斯。"

这时，文森特的脑海里响起拉帕尔特的严厉批评——《食薯者》太差劲了。

真的那样差劲吗？难道我搞错了绘画的方法吗？不妨到安特卫普看看，切实印证一下。

文森特很快完成了仓促的旅行准备。

对！前进吧，把眼前的一切抛到脑后，奋勇向前进吧！艺术就是战斗。

文森特朝比利时出发了，他做梦也没有想到，这竟是他跟祖国的永别。

他把诺恩讷时期的作品全都塞进一个木箱里，请一位木匠保管，后来他却把这件事给忘了。几年后，这位木匠把这些画卖给了一家鞋店。

知识链接

《食薯者》

《食薯者》这幅画可以说是梵·高在诺恩纳时期的杰作。为了完成这幅作品，他曾画了许多农夫、农妇的肖像，对室内及手的素描，以及瓶子与水壶的静物画等等，这些均是对此画的习作。此画充满了对其社会性与宗教性的情感，画面虽显得粗野，但结构却十分紧密；以围聚的人物为中心，对形体加以把握；以德拉克洛瓦的色彩理论，构成了种种暗灰色，以这些完成了这幅佳作。

梵·高早期接触社会下层，对劳动者的贫寒生活深有感触。他受米勒影响，想当一名农民画家。《食薯者》便是他该时期的代表作。这幅画，充分反映了梵·高的社会道德感。他选择画那些农民，主要是因为他发现自己与这些贫穷劳动者之间，有某种精神上和感情上的共鸣。他在给其弟弟德奥的信中写道："我想强调，这些在灯下的食薯者，就是用他们这双伸向盘子的手挖掘土地的。因此，这幅作品描述的是体力劳动者，以及他们怎样老老实实地挣得自己的食物。"

梵·高对围着餐桌而坐的四个农人，都曾作过个别习作。那询问似的炯炯眼神，右端的农妇下垂的厚重眼睑，布满皱纹、凹凸不平的脸和手，充分地表现出大地上勤奋的劳动者的"力量"。梵·高表示，他希望这幅画能强调出"伸在碟子上的那只手，曾挖掘过泥土"。同时窗外的景色，也令人深切地感受到煮薯时的香味。

梵·高深爱着朴拙的农人在大地上奋斗的情景，他认为这些在与都市的文明相比较之下，充分地显示出光与力。他明白这幅画或许不合当代趣味，但他渴望着能将这些示诸众人，唤起人们的责任感。

在这幅画上，朴实憨厚的农民一家人，围坐在狭小的餐桌边，桌上悬挂的一盏灯，成为画面的焦点。昏黄的灯光洒在农民憔悴的面容上，使他们显得突出。低矮的房顶，使屋内的空间更加显得拥挤。灰暗的色调，给人以沉闷、压抑的感觉。画面构图简洁，形象纯朴。画家以粗拙、遒劲的笔触，刻画人物布满皱纹的面孔和瘦骨嶙峋的躯体。背景设色稀薄浅淡，衬托出前景的人物形象。梵·高自己称这幅画是"表现主义的诞生"。他说："我不想使画中的人物真实。真正的画家画物体，不是根据物体的实况，而是根据自己的感受来画的。我崇拜米开朗基罗的人物形象，尽管它们的腿太长，臀部太大。"有人指责他这幅画中的形象不准确，而他的回答是："如果我的人物是准确的，我将感到绝望……我就是要制造这些不准确、这些偏差，重新塑造和改变现实。是的，你可以这样说，他们不真实。但是，他们比实实在在的真实更真实。"

前往巴黎的路

比利时的安特卫普是一个生气勃勃的港湾。海上有海鸥在飞舞,水手们在喧闹,来自世界各地的珍贵货物堆积如山,站在石阶上向前眺望,真让人叹为观止。

文森特在一家画具商房屋的二楼租下房子,马上给弟弟描述此地的风情。

德奥弟:

安特卫普深深地吸引了我,我到各个大街小巷都去逛了一圈,码头和广场也去了好几次。

我一向住在灌木丛生的荒野以及寂静的乡下,一旦来到这样繁华热闹的地方,处处都有新鲜之感。我想知道跟你一起散步时,是否也能产生相同的印象呢?

在大都市里很容易迷路,到处呈现不同的习俗、有趣的事物和新鲜的话题。

我不敢贸然闯到特别危险的地方去,只偶尔穿过一些小路和街巷,有些姑娘误以为我是船员而找我聊天,非常有趣。

我热衷于肖像画,所以毫不犹豫地支付模特儿费用,要她们摆出各种姿势。想在这里找几个理想的模特儿,看来并不太难。

总之,安特卫普这个地方太好了。尤其对于画

◆ 图 说 名 人 ◆

名人名言

一个劳动者的形象,一条耕地上的犁沟,一片沙滩,广阔的海洋与天空,都是重要的描绘对象。这些都是不容易画的,但同时都是美的。终生从事于表现隐藏在它们之中的诗意,确实是值得的。

——梵·高

※梵·高作品——《戴红色丝带的女人像》(1885.12)

家来说,实在是个好地方。

我的房间还不坏,我在墙壁上贴满了日本的小型风景画,例如庭园、海滨小女孩的人物画以及花朵、树枝和骑在马上的日本武士等,这些画令我着迷。

文森特之所以对于日本浮世绘的版画兴趣盎然,是因为离开诺恩讷以后,他阅读了法国刚库尔兄弟所写的书而受到影响。

来到安特卫普,看到从东洋航线回来的船员们,携带了不少当地的土特产品,他便要求他们廉价转让或到街上的旧货店去买,都能如愿以偿。

文森特对于浮世绘所呈现的色彩赞不绝口。

有时候,他也到美术馆去找题材。

德奥弟:

我在这里经常上美术馆,但除了路贝斯的《约旦的脸与手》以外,其他没有什么可看的。路贝斯用纯粹而强烈的红色来画脸,并用强烈的笔触画出手指和肉体,这些手法都给我留下了深刻的印象。

路贝斯似乎善用色彩结合法来表示愉快、沉静和悲伤,结果都很成功。

文森特全神贯注地注视着眼前的名作。

"啊,好棒的颜色!我的作画技巧虽然不如他,但我可不能示弱。"

文森特坐在这幅画面前,目不转睛地凝望了很久、很久。

文森特心中暗下决心:"我要尽可能在这儿多住一段时间,不管碰到什么困难,我总要证明自己是怎样的人,到底是勇敢还是脆弱!"

文森特在街上到处转悠,希望物色几位理想的模特儿。不久就把身上仅有的一点儿钱都花完了。收到德奥的汇款之前,他只能啃干面包、喝开水,有时候为了果腹,他

疯狂的画家——梵·高

※ 梵·高作品——《留着胡子的老人像》(1885.12)

买来放在皮箱里的黑面包。

只要我能继续画下去，这样的生活我也就心满意足了。每当模特儿回去以后，我便有些气馁起来。不过到外面作画时，我似乎又振奋了许多。

文森特的健康开始恶化，牙齿一颗一颗地脱落，前后已经脱落了10颗，胃也有了毛病，咳嗽愈来愈严重，脸色显得很苍白。

他到医院去就诊，医生说，你要减少工作量或到乡下去呼吸新鲜空气，而且要多吃有营养的食品。

可是，穷困的文森特怎么能做得到呢？

※ 梵·高作品——《叼着烟斗的自画像》(1886年春)

竟也胡乱地抽起烟来。

德奥弟：

我正热衷于肖像画，现在完成了两幅作品，我一开始研究肖像画时，就有意改变画法。可惜，你的来信使我很失望。你说："因为我有许多开销，月底以前，请自行设法周转一下。"难道要我去借贷吗？渴望着我这样做的，是他们还是我呢？

你知道吗，我还有许多作品必须要完成，不管负担如何沉重，我也要继续画下去。

来到这里以后，我只吃过三顿较为像样的伙食。早餐由房东负责，晚餐只喝些咖啡吃一些面包，或吃白天

1886年1月，文森特进入一家美术学校，这所学校不需要缴学费，每天都有模特儿。以前，他常常到街上花钱物色模特儿，现在可以把这笔钱省下来当作伙食费，因此，心情也就轻松多了。

文森特那个班级，由贝尔拉教授当主任，学生有六十人左右，同学们见到这位新同学，无不大吃一惊。

"那个家伙来干什么？"

大家都在暗地里窃窃私语起来。

他面色苍白、鼻孔突起、不修边幅、戴一顶毛皮帽子，完全是一副乡下农夫的打扮，不同的只是他手上经常提着画板和画具箱。

当他开始作画时，又吓了大家一跳。他作画时的样子，真说得上是惊心动魄。画了又改，改后再画，只要觉得不妥，就全都擦掉，重新再开始。座位旁边到处放着画具和纸张。乱七八糟，好像狗窝一样。

有一次，贝尔拉教授很厌恶地跑来质问了。

"你到底是谁呀？"

"我名叫文森特·威廉·梵·高，荷兰人。"

贝尔拉教授开门见山地对他说："我不要改这种乱七八糟的画了，你赶快转到素描班去，从头学

※ 梵·高作品——《从蒙马特看到的巴黎风光》（1886年春）

起算啦。"

文森特果然老老实实地转到素描班去了。但是，全校师生好像都知道他的画法不大对劲。

根本原因在于他的画法跟教授的教法格格不入。不管文森特怎样努力，结果还是被教授修改得面目全非。

"这条线画得不直，要改一改！"

可是，文森特还是照自己的画法画下去，简直是拼着老命。他固执地回答："不行，我不想修改。"

"你为什么这样固执？赶快改过来。"

"我绝对不改。"

"你……"

疯狂的画家——梵·高

文森特漠然不理。

"这里也不是久留之地。"他心里这样想,有一个学生却悄悄地说话了。

"像你这种人不应该在这所学校里,应该到更自由的地方去。"

"还有更自由的地方?"

"当然有!"

"在哪里?"

"巴黎。"

啊,巴黎!文森特忽然想起来了,当年身为高比尔商会的店员,自己也曾两次踏上巴黎这个都市的土地,当时对巴黎的印象虽然不太好,但现在的自己却已是一位登堂入室的画家了,情况应该完全不同。何况,那里还有一位叫他经常想念的弟弟。

文森特立刻给德奥写信,要求他帮忙,以便成行。

不久,回信来了。

"你与其来巴黎,不如返回诺恩讷,让疲倦的身体获得短暂的休息,不是更好吗?"

文森特迫不及待地给弟弟回信:"还谈什么诺恩讷?简直无聊透顶!我想去的地方是巴黎。德奥弟啊!月底前请你告诉我怎样到巴黎去。"

然而,德奥却一直没有回音。

德奥心里想,真是窝囊的大哥,总是不停地麻烦我。

文森特闷闷不乐起来,同时也忍无可忍了。

1886年3月初的一天,德奥出乎意料地接到一封笔迹潦草的信,这封信原来是大哥一到达巴黎就寄出的。

德奥弟:

我一有这个念头,就马上采取行动,请你千万别生气。因为这样的做法,可以使我们都不必浪费时间。

我明天早上会在鲁布尔美术馆等你。如果你方便的话,就请早一点来。

你几点能来呢?请你回信。生活费跟以前一样就够了,目前我身上还有一点钱,花完以前,我想跟你谈谈。我一定会努力加油的!

如果时间允许,就请你尽快来。

这种光和颜色

兄弟两个人果然在鲁布尔美术馆碰面了。

"大哥。"

"德奥弟弟。"

当初德奥要大哥在6月底前暂时留在原处,但文森特不听劝告,匆匆赶来巴黎,所以,他担心德奥也许会不高兴。

然而,德奥始终没有一句怨言,态度一直很温和,对大哥仍是那么友善。

德奥立刻带着大哥穿过比卡鲁广场,到达自己在拉帕街的小房间。两人一进去,德奥就用爽快的语气说:

"大哥,你现在最想做什么?"

文森特的内心里隐藏了无数的话题,但不知从何说起,沉思了一会儿,才开始一件一件地说出来。

"我想把在安特卫普学校所学过的在此重新复习一遍。我离开荷兰以后,就发觉自己有一股干劲,想要开创一个崭

※ 梵·高作品——《树林中的女孩》

新的世界,至于这个世界是什么样子,我也不清楚……而且,这里是巴黎,我想尽快向此地的画家们学点儿东西。"

"大哥的计划,我也很赞成。附近有一间画室,是菲利克斯·柯尔曼开办的,你到那里画画……"

"德奥,谢谢你,请你赶快带我去。"

柯尔曼是一位历史画家,时年四十六岁,据说是巴黎画坛的名家。

不料,这间画室也跟安特卫普的美术学校一样。

柯尔曼以厌恶的眼神望着这位三十三岁、全班年纪最大的学员。

这个学员老是以极大的手笔和很快的速度画着眼前的石膏像或裸体模特儿等,而且形式古怪。

"简直是疯子,不然就是野蛮人。"柯尔曼暗想。

起先,柯尔曼警告他:"你什么也不看就埋头作画,在这间画室里,可不能这样随便……"

他没想到,文森特不是轻易听话的人。柯尔曼终于板起脸孔了。

"别理他,还是照自己喜欢的方式画下去。"不管柯尔曼怎么警告他,文森特依然不声不响,按照自己的方式继续画下去。就这样,他渐渐又不能在这间画室里立足了!他想:

"德奥弟弟错了,我到这里来是不对的,这里没有什么希望。"

文森特能承受再次失败的打击吗?

有一天,一个年轻的汉子慢吞吞地走进画室里。以前,他也曾到柯尔曼的画室里学过一段时间的画,但后来不知怎么搞的,好久不见他来了。

这个汉子一走进来就站到画室的一边,东张西望,手上的笔不停地挥动,而且也注意到那个外貌特殊的荷兰人。文森特不自觉地转过头来,注视着那个人手上的那张画,不禁吓了一跳。心想,这个家伙的画,好像有点古怪,颜色强烈得很。

这个汉子自我介绍说:"我叫作艾米尔·贝尔那尔,你呢?"

※梵·高作品——《阿尔涅餐厅的外部》

"我是文森特·威廉·梵·高。"

"你能在这间画室里大干一番吗?街上到处充满新印象派画家们的色彩。生机蓬勃的巴黎,到处呈现着绘画革命的巴黎,你却闭眼不看,那你到底来巴黎干什么?"

贝尔那尔说到这里,拉开模特儿后面的窗帘,画室立刻变成了客厅。他叫嚷着:"好啦,大家尽量叫吧!"

这时候,文森特反而吃了一惊,他想,年纪轻轻地居然这么大胆。

文森特听到大家兴高采烈的歌唱和笑闹声,沉思起来:"不错,我到底来巴黎干什么?难道我还要重蹈安特卫普学校失败的覆辙吗?不,绝对不能,我的想法错了。我辛辛苦苦跑到巴黎来,不就是要来观赏色彩世界吗?"

一想到这里,文森特就一刻也忍耐不住了。

学校教育算什么?已经落伍啦!我以后再也不想走进这种画室的大门了。

文森特跑出画室低着头走回去。一打开房门,就看见弟弟已经站在那里了。

"德奥,请你告诉我,到底在哪里能够看见印象派的作品?请你立刻带我去看。"

身为画商的德奥,当然知道这种新绘画团体,于是就逐一道出这些画家的名字。

文森特都去看过了,例如莫奈、西斯雷、比莎洛等人的画面,颜色都非常轻松,好像大地在传达春天的喜悦一样。

文森特全神贯注地凝望着这些画,似乎感到一阵晕眩,激动之余,他不禁在画前高声叫嚷起来:"就是这个,我到处寻找的,就是这种色调。"

话虽如此,现在跟德奥弟一起住的房间非常狭窄,哪有施展的空间?文森特坐立不安,每天催促德奥搬到一个大房间去住。

1886年6月间,他们果然在蒙马特尔的山丘上找到了一栋四层楼公寓,两个人看中后就搬进去住了。

※ 梵·高作品——《山谷里的农夫》

疯狂的画家——梵·高

※ 梵·高作品——《塞纳河上的桥》

除了厨房以外，还有三间宽敞的大房间和一个小房间。

文森特大喜过望，远眺窗外，只见蒙马特尔丘陵上到处是房屋，风景绝佳，他立刻开始作画。

他画了许多风车以及大众演艺馆的景象。

这时候，文森特的画具比较齐全，品质也较好，颜色的表达自然而生动，他的健康状况也日有起色。

当时的蒙马特尔一带非常热闹，咖啡室、餐厅、舞厅等鳞次栉比，直到深夜，广场地区也依然人潮涌动。

有一间餐厅叫作"巴达犹夫人商店"。由于这里食物烹调极佳、价廉物美、气氛高雅，任何时间都有画家、文学家和新闻记者们在这里群集交谈，而且经常客满。

文森特兄弟不论白天晚上，都到这里来吃饭。

"啊，原来你在这里，总算找到理想的场所了。"

有一天，突然有一个人拍拍文森特的肩膀说道，他回头一看，原来是艾米尔·贝尔那尔。他抓着文森特的手腕说道："这里也有人开画室呢，我给你介绍介绍。"

说完后，就带他走到角落另一张餐桌边，只见一个短小精悍的人，独自坐在那里速写外面的店铺。

"你看，那个人出身贵族，只有二十二岁，将来一定会创造出自己的世界。"

经过介绍之后，对方不知有没有听见文森特的名字，他头也不回地挥动画笔，但嘴里仍然打招呼说："请多指教，我是盎利·特儿斯·洛多雷克。"

从此以后，文森特总算在巴黎找到门路了。

他的作品风格突然有了变化。

这时候，他的画色彩明朗艳丽，很明显是印象派的作品。

不久，春去夏来，对于文森特来说，这倒不失为愉快的季节。他离开画室，到巴黎的街上看了一番。此外他也经常在塞纳河畔以及普洛纽森林里搭起画架，专心作画。

"这种光、这种颜色……正是我朝思暮想的。"他心里猛叫个不停。

花朵盛开的果园

随着夏天的到来,家里也传来了消息,确切地说是家里传信让德奥回荷兰老家结婚。

德奥离开之后,文森特又开始了漫长的一个人生活的日子。夏去秋来秋去冬来,盼望已久的春天终于来临。田野里有梨、梅、桃和杏子等果树,各自盛开着红、黄、白等颜色的花朵,五彩缤纷,十分美丽。

文森特在果树园里支起画架,兴致勃勃地开

※ 梵·高作品——《桃花盛开》(1888.3)

始工作。他陶醉在色彩和芬芳四溢的景色里，反复画了几幅相同的作品。

德奥弟：

最近，我每天过得很惬意，倒不是因为天气的关系，这些日子以来，只有一天没吹季风，日子过得很安静。

无论如何，也要把鲜花盛开的果树园的景色好好画出来。季风猛吹的日子，实在令人伤脑筋。不过，我仍旧到野外去搭起画架，埋头绘画。

淡紫色的田野、芦苇的篱笆、蓝白色的天空、两棵蔷薇色的桃树，这是作品中最令我满意的风景画。

文森特在果园里被强风吹了一整天，步伐沉重地拖着疲倦的身体回来，神经都麻木了。

他不懂得节省，拼命地买新画具和画布，德奥汇来的钱很快就花光了。

能否使绘画速度减缓，让钱可以用得更久些呢？不，他绝对是不肯的。因为果树园的百花盛开，景色极佳，若不及时完成，实在可惜！

文森特在信函里一再向弟弟解释绝不是乱用钱，同时还催促弟弟尽可能再多寄些钱来。

1888年的一天，文森特获悉莫普去世的消息，虽然当年跟他吵过架，弄得不欢而散，但是他到底是第一位指导文森特学习油画的人，想到这里，文森特不禁悲从中来。

德奥弟：

当我画完两棵桃树，回到家里时，妹妹来信说莫普去世了，这使我感到莫名的哀痛。

不知什么东西在敲击我的心，喉头好像被一块硬块堵住似的。我在自己的作品上写了几个字："纪念莫普——文森特和德奥。"

如果你不反对的话，就以我们兄弟的名义将这幅画赠送给莫普夫人吧。

在我的脑海中，莫普绝不能被画成暗淡的模样，更不能染上任何死气沉沉的感觉。

不要把死人想象成死人！

只要大家都活着，死人也是活着的。

这就是我现在的感触，其实，我心里怀着无比的哀痛，对我来说，莫普的死无疑是一个重大的打击。

文森特继续写信给弟弟。

※ 梵·高作品——《开花的梅树》(1888.4)

德奥弟：

早晨的天气极好，我在果园里画了梅树，给茂密的树枝点缀了无数略带紫黄色的白花。

在这时候，忽然刮起了一阵猛烈的季风，我赶快跑进房里，隔了一会儿，又返回原处。太阳不时地发出灿烂的光芒，照耀着满是小瓣的白花，这样的景色实在太美了。

德奥弟：

我在一个绿油油的小果园里画一丛杏树——淡白色的杏树，效果不亚于桃树。

到目前为止，情况非常好，我想再画十张。因为我的注意力容易转移，而且果树园的景色也是不会长久的。

其次，恐怕要画斗牛场了，同时也想画那繁星闪耀的天空。然后再完成几幅素描以及像日本版画那样的素描。总之，打铁要趁热。

请你想象一年后的日子，那时候，我希望情况会稍微改善。到目前为止，我用去你不少钱，但愿我的作品售出后，能赔偿或弥补你的损失，我一定要好好表现给你看。

不过，如果这种情况继续下去，恐怕就无能为力了。倘若你有困难，就请来信告诉我。那样的话，我就只画些素描就行了，因为那样比较省钱。

1888年4月底，文森特完成了一

※ 梵·高作品——《春季垂钓》

系列的果园风景作品，总算松了一口气，把沉重的担子卸了下来。

早就被淡忘的胃病与牙齿痛又隐隐约约地在发作。以往的文森特沉迷在绘画里倒还不觉得怎么样，现在开始感到很不舒服了。

他在一星期内写了好几封信给弟弟，但居然连对方的地址都搞错了。文森特又开始陷入沉重的忧郁中。

德奥弟：

我没有体会过真正的人生。我认为用身体去劳动，远比用画具或石膏的劳作要花更多的时间。

我对自己的将来并不悲观，事实上，前面仍有无数的困难横在那里。有时候，我暗想自己是否会被困难征服了呢？

这时候，文森特跟房东闹翻了，房东看到这位来自异国的画家整天不做事，就趁机要求增加房租。

"你拥有许多图画，要比其他房客占用更大空间。"

基于这项理由，房东坚决要提高房租。

"岂有此理！简直是欺人太甚！"文森特据理力争，仍无结果。最后只好离开这家旅社，搬到车站附近拉马奇诺广场正对面的一个住家去。

文森特到家具店去，问他们有无床铺出租，对方表示不但不能出租，连分期付款都不行，一定要现金购买。

文森特无可奈何，只好买些草席和棉被，挨着墙壁，搭了一张临时床铺。他心里暗想："夏季炎热，这样倒也很实用。如果在墙上挂些日本版画，一定可以变成理想的画室。如果高更他们这些人来住，这里也能搭伙，一年可以省下300法郎。"

文森特准备搬家了，他忙着跟旅社结账。旅社老板说，一共是67法郎40生丁。

"我算来算去只有40法郎，你一定搞错了。"文森特不高兴地反驳。

"不会，决不会算错的。梵·高先生，你不是常常说我的葡

※梵·高作品——《第一步》

※ 梵·高作品——《散步》

萄酒不好,后来都换了上等葡萄酒吗?"

"当然,哪有旅社给客人喝这种差劲的葡萄酒呢?"

"不错,这样就多出27法郎40生丁。"

"岂有此理,葡萄酒是跟伙食算在一起的,我不付账!"

"不行,你非付不可。"

文森特置之不理,提起行李就走。旅社老板赶忙挡住他的去路,大声叫嚷起来:"账没结清,行李不能提走。"

"我偏要提走,你能怎么样?"文森特不甘示弱地回答。

警察匆匆忙忙跑来调解纠纷。

"阻止客人搬动行李是旅社老板的不对;但梵·高先生的酒费也得付清呀。"

警察把账单上的数字,改成50法郎:"这样如何?"

旅社老板暗自得意:"这样还是有钱可赚。"

文森特也认为:"总算减掉17法郎了。"

就这样,双方都感到满意,一场纠纷就此解决。

好吧,还是另外找一间新画室去吧。

文森特搬到小型的黄色房间后,又开始埋头作画。如今季节已

疯狂的画家——梵·高

经变换,因此,工作场所也由果园转到画室了。他买了一些家庭用品:咖啡壶、两个碗和锅等。

他的静物写生是以橘、橙与柠檬色为主,再放些野花进去,构图细密。

有一天,文森特意外地得知德奥曾经到医院去看过医生。

文森特也认识这位医生,因为当年自己到巴黎时,就因为神经病去请教过他。

文森特忧心忡忡地想:"难道弟弟也跟我一样得了神经病吗?"

医生劝告德奥,尽可能到乡间去休养一年,新鲜的空气、温和的气候,也许能使身体很快复原。

德奥弟:

因为我花钱没有节制而让你吃尽苦头,实在觉得抱歉。不过,现在的我真是无可奈何。

如果我的作品每幅能卖500法郎的话……不,只要能换回已经用掉的钱就好啦。

但在印象派的画能够出售以前,我恐怕还得等上几年呢。

※梵·高作品——《圣·玛利海景》(1888.6)

这时候，文森特突然想起跟自己一样落魄的画家朋友们：高更和贝尔那尔。假如大家能把钱凑在一起共同生活，不就可以节省很多生活费吗？

德奥弟：

我打算设立一个"艺术家之村"，大家快快乐乐地成为一群好伙伴。几个人共同生活，总比单独生活便宜。法国南部的画室，可由友情建立起来，同时成立一个未来的新画派。

德奥弟啊！请你大力支持这项计划好吗？首先得把潦倒的高更找来。

因为德奥的疾病，文森特深为忧虑。但他仍念念不忘地追求美妙的颜色世界。

地中海的圣·玛利海岸怎么样，那里有青黄色的波浪。好吧，何不到那里去瞧瞧？

他虽然有这种构想，无奈旅费不够，只好把行期延后。

夏天到了，德奥来信说，身体已经完全复原。

文森特在法国南部时，经常到各地去写生。

烈日、黄绿色的麦田、农家等景色，都是文森特绘画的题材，这些美景经常在他的心中反复出现。

※ 梵·高作品——《海边渔船》（1888.6）

1888年6月中旬，时机来了。文森特起程前往圣·玛利，这是位于地中海沿岸、隆河三角洲的一个小渔村。

德奥弟：

地中海是一片青绿色，但却不断地在变化，到底是绿色、紫色还是青色呢？根本摸不清楚。而且还可能在顷刻之间，变成蔷薇色或灰色。

本来，每天只需4法郎就能解决伙食问题，可是，最初几天却花了6法郎。

夜晚，我跑到无人的海滩上散步。在这里谈不上快乐，也谈不上寂寞，但很美妙。

在湛蓝的苍穹里，闪耀着明亮的繁星，有黄色和蔷薇色的星光。

疯狂的画家——梵·高

在这里眺望海洋,才真正感到法国南部是多么美!至少能满足我追求色彩的狂热愿望。

我把圣·玛利的素描跟此信一同寄去。早晨出发之前,我就完成了小舟的速写,现在正埋首于油画。

这里的物价虽然很高,但我到法国南部来,却是基于以下的理由:我非常喜欢日本的绘画,和其他所有印象派画家一样,我既然不能去日本,那就只好前往法国南部,因为两地的气候和风光十分相似。我的结论是,新的艺术前途在法国南部。

倘若你能来玩几天,那是再好不过了。因为你会立刻有所感触而改变观点,同时懂得以日本式的观点察看事物,并有不同的色彩感受。

日本人创作素描的速度很快,那是他们的神经敏锐、感觉灵敏所致。

文森特在圣·玛利停留了一个星期,像日本人的作风一样,一小时便完成了船的速写。

文森特希望在法国南部扎根继续绘画,可惜一个人有诸多不便,

※梵·高作品——《烟斗与椅子》

若能跟两三位朋友一块儿，不但生活费便宜，心情也会更轻松。

高更会不会来呢？从德奥的来信推测，他似乎不大想来。回到阿鲁鲁以后，文森特显得很没干劲。

德奥弟：

我在烈日照耀的麦田里忙碌了一个星期，完成麦田的画稿、风景与播种者的素描。

紫色的土壤、宽阔的麦田、穿着蓝白色衣裳的农夫，我在这里眺望着遥远的地平线，放眼所见，是一片黄橙色的麦穗。上面是黄色的太阳与天空。

《播种者》是文森特很久以来想完成的作品。何况，这是米勒不曾画过的东西，色彩丰富、画面宽广。

文森特又回过头来，着手于肖像画了。

德奥弟：

好不容易找到一位阿尔及利亚士兵做模特儿，他的面颊瘦削，好像卡着牛的头，老虎的眼睛，真是一个有个性的青年。我先画他的脸，然后再画其他部分。

这幅肖像栩栩如生：青年人穿着草绿色的军服，红色的装饰，胸前挂有两颗星，头戴红色的土耳其帽，坐在绿色的大门前，依靠着土色的墙壁，样子倒蛮神气。

另一幅是他坐在白色墙壁前面的全身肖像。

由于麦田的画稿和阿尔及利亚士兵几幅作品消耗掉不少画具，请你务必补充一些颜料和画具来。

我很想知道高更的意思如何，如果他真的不想来，那就不要勉强他。

但是，他又担忧起来：“弟弟会不会怀疑我心情不好、工作不卖力呢？”

德奥弟：

我作画虽然迅速，但决非马马虎虎地乱涂。我的态度沉着，经验丰富。

例如年幼的老虎开始扑杀牛马的时候，可得耗尽全身气力；若是成年的老虎，由于它老谋深算，胸有成竹，只需用锐利的牙齿，看准目标，以惊人的速度向前扑去，必然马到成功。

德奥弟，你一定要注意，别人都说我作画太迅速，但这可不是信手涂鸦。我完全是基于一种微妙的感受以及热爱自然的信念去画的。

疯狂的画家——梵·高

事实上,文森特作画时确实已经达到忘我的境界,他的两眼和双手都在不断地挥动。

天空中高悬着黄色太阳,原野里是阵阵的麦浪以及震动画架的季风。

文森特常常在工作烦闷之余到车站附近的咖啡馆里跟几位朋友聊天。

其中一位是阿尔及利亚步兵连队的旗手,名叫米利埃;另一位是年届四十五岁的邮差,名叫鲁朗。

这两位朋友很热心地做他的模特儿,尤其鲁朗对他更是百般照顾。

1888年8月炎夏,文森特在烈日下不知疲倦地绘画,几乎忘了三餐,饿极了就以干面包、牛奶和鸡蛋充饥。

猛烈的太阳照在黄色的画布上,只见文森特挥动画笔,描画阳光和自然景色,还有那热烘烘的大太阳。

此外,他又完成了几幅向日葵的作品。

德奥弟:

有件急事想麻烦你。请你转告高更,他的信我收到了,他说要来阿鲁鲁看我,他极力称赞贝尔那尔,其实,贝尔那尔也很称赞他哩!

现在,我正着手在画大幅的向日葵,你不会吃惊吧?我已经画了三幅,第一幅是绿色花瓶上插着三朵大花朵;第二幅是蓝色背景,有种子与绿叶的三朵花蕾;第三幅是黄色花瓶,十一瓣花与蕾。

我期待高更到我的画室来一起绘画,我打算把房间用大幅的向日葵装饰一番。

每天早晨,太阳一出来,我就开始作画。因为花朵很快就会凋谢,非一气呵成不可。

文森特在巴黎时很落魄,几乎走投无路,当然情绪欠佳。他生活在荷兰乡下,还不懂什么叫印象派之时,心里就曾有过一种憧憬,现在又恢复了他当年的豪情。

※ 梵·高作品——《邮差鲁朗》(1888.8)

德奥弟：

近来经常是烈日当空，阳光普照。除了太阳和光以外，没有更理想的景象。我只画黄色，青白硫黄的黄色、金色的柠檬黄。黄色，多么美妙啊！

黄色，黄色，一片黄色！

文森特好像把整个身心都卷入了黄色的花粉里，连路上所碰到的一切事物，似乎也都变成了黄色。

庭园里栽植的蔷薇、葡萄与无花果树，一群吉普赛人坐的车厢、铁路上的车辆……

一幅幅美景吸引着他，他感到焦急彷徨：该怎么办呢？画具和画布都没有了，非写信给德奥不可。还是尽力抑制自己呢？不，我无法抑制，我有绘画的权利和自由。

阿鲁鲁的居民对于文森特的作品总是讥讽地说："简直一塌糊涂，根本是把一堆颜料涂在画布上的东西，那像什么画嘛？"

其实文森特的画确实有进步，现在，他简直什么都能画，他可以用色彩表现出一切。

在文森特看来，黄色是最灿烂的颜色。

1888年9月，文森特画了一幅《夜间的咖啡馆》，不仅完成了初稿，而且在大幅画布上面涂了颜色。

※ 梵·高作品——《戴草帽的自画像》（1887年夏）

德奥弟：

热忱的信件和300法郎已收到，谢谢你。我担心了好几个星期，现在总算放下心来。

最近作品的内容各不相同，但都能与《食薯者》相提并论。

我用红、绿两种色彩，把狂热的感情全部表现出来，房间用血红与暗黄色，中央配上绿色圆台，四盏灯发出橘色与绿色的光芒，用水彩调配。

我想把咖啡馆描画成一个使人堕落、疯狂与犯罪的场所。

我明天给你寄去，请你评价一下。

疯狂的画家——梵·高

※梵·高作品——《夜间的咖啡馆》(1888.9)

德奥弟：

我把新作品《夜间咖啡座》跟以前完成的其他画都给你邮寄去了。将来也许要进行日本版画的创作呢。

昨天打扫了房间，忙了一整天。我买了两张床，一张是白木制的，另一张是桦木制的。诚如那位邮差朋友鲁朗夫妇所说，两张新床铺都很坚固，各值一百多法郎。

此外，又买了两套棉被。如果高更或其他朋友来，床铺就不用担心了。不过，这么一来，却把大部分的伙食费用光了。

如果你和高更能来，我就先收拾房间，在白色墙壁上挂上黄色的向日葵。

高更什么时候来呢？

在焦急的期待中，秋高气爽的日子里，绘画的构想层出不穷。文森特很有耐心地将它们展现在画布上面。

古老的风车、随风摇曳的柳枝、农夫、庭院、寝室、自画像、繁星之夜、公园、葡萄园……

德奥弟：

我从今天早晨7点一直工作到黄昏，仅站起来走一两步路，吃了些简单食物，作品很快就完成了。不知道你有何感想。

这些色彩颇能提高我的工作情绪，因此我一点儿也不觉得累。在我的脑海里，全是优美的自然景色。我几乎忘了自己的存在，绘画像梦幻般地令我陶醉。

德奥弟：

我这几天过得无精打采，星期二就把所有的钱都用光了，在这四天里，我仅靠咖啡和面包过日子。

※梵·高作品——《梵·高在阿尔的黄房子》(1888.9)

※梵·高作品——《奥弗村》

何感想？

德奥弟：

今天，我画了一幅落日余晖。

画布全用光了，目前需要200法郎买画具。你也许会怀疑，要买这么多画具吗？事实确是如此。说来惭愧，我的作品怕是引不起高更的兴趣。在他尚未来之时，我希望尽量多完成一些作品。

各方面都显得懒洋洋的，经过四天的断炊，到今天好不容易才找到剩余的6法郎，中饭总算解决了，晚上只能吃一片面包了。

常常开口向你要钱，我心里也很难过，因为身无分文，实在没有其他法子可想。

说来说去，都是我太热衷于绘画，不管口袋里有没有钱就一口气买下许多画具和用品。

我完成了两幅公园的作品，其中的《诗人之园》我认为还不错，我给它配上了一棵黄色栗子树。《葡萄园》配上松树，也很理想。

呵，我的葡萄园啊，费了我不少心血，不知你看到这个葡萄园有

1888年10月20日，文森特企盼中的高更终于抵达阿鲁鲁村。

邮差鲁朗

在法国阿鲁鲁时期，文森特认识了邮差鲁朗，成了莫逆之交。鲁朗和妻子都热情地给梵·高做模特，对梵·高的生活和绘画起到了积极的作用。在梵·高割伤自己的耳朵后不久的1889年，鲁朗接受了在马塞邮局的一个更好的职位并和他的家人搬到那里。直到1903年，他才听到文森特成功的消息。

痛失友情

《图说名人》

高更来啦

文森特焦灼不安地在阿鲁鲁镇等待高更的到来。他在给高更的房间不时添置东西的同时，还继续了以向日葵为主题的创作。他打算把它们挂在房间的墙上，装饰画室，以迎接高更的到来。

在文森特看来，向日葵这种非比寻常的太阳之花，是光和热的象征，是他内心翻腾的感情烈火的写照，是他苦难生活的缩影。在巴黎的时候，他已经有了几幅《向日葵》，其中有一幅即将枯萎的向日葵就是他当时苦闷得要窒息的心情的写照。画面上，向日葵暗红色的花茎被剪断了，花瓣和花盘因为缺水开始收缩，但花瓣上明亮的黄色仍然浓烈，和浅蓝色的阴影形成鲜明的对比。相呼应的是融会在浅蓝色笔触中跳动的点点红色，就像一片小小的火焰，让人觉得生命还在跳动。

※高更

在阿鲁鲁镇的生活，让文森特看到了与巴黎不一样

> **名人名言**
>
> 人们不可能准确地预告什么，但是，如果有谁能够进行分析，他就可以发现，本世纪最伟大与最优秀的人，总是顽强地工作，执著地追求，总是以个人主动的创造精神去工作。
>
> ——梵·高

的向日葵，这里的向日葵没有一丝阴影，它们完全是在跳舞，在向日葵的天堂里恣意地跳着火焰般的生命之舞。在不同的背景上，文森特让各种不同的明亮的铬黄，在形态各异的向日葵上闪闪发光。然后，他用橙黄色的画框把这些向日葵镶起来，仔细地挂在墙上。后来，住进黄房子的高更看到的，就是这样的场景：在刷成黄颜色的房间里，带紫色花盘的向日葵突出在一片黄色的背景之上；花梗浸在一只黄褐相间的壶里，壶放在一张黄褐色的桌上；画面的一角上是文森特生气勃勃的签名。早晨，黄色的太阳透过房间里的黄色窗帘照射进来，所有的一切便一派生机盎然地沐浴在一片金色之中。

文森特把黄色称为"爱的最高闪光"。在高更到达之前，他兴致勃勃地把黄房子的外墙用黄颜色重新漆了一遍。这使得拉马丁广场边上的居民都觉得十分有趣。梵·高也据此画了《梵·高在阿尔的黄房子》：深蓝色的天幕下，阳光透过巨大的空隙流淌进黑暗的屋子里，让整幢房子都放出光亮；那个在黄房子前面匆匆行走的男子，便是文森特自己。

那时的高更生活潦倒，又患了赤痢，虽然接到文森特三番两次的

※梵·高作品——《没有胡子的自画像》

来信邀请，无奈身无分文，寸步难行；幸好有德奥帮他卖画，而且又借了点钱给他，这才好不容易搭车前往普洛班斯。途中换了几次车，火车一路上摇摇颠簸，天亮前才抵达阿鲁鲁镇。

他不好意思去搅扰文森特的美梦，就在一家全天营业的小咖啡馆里，一直等到天亮。这时候，老板忽然很好奇地走过来打招呼："你是梵·高先生的朋友？"

"你怎么知道的？"

"因为好久以前，梵·高先生就画了你的肖像，到处让街上的人看。他说，这位朋友快要来啦。我们对这件事印象深刻，所以就一眼认出来了。"

"是吗？文森特果然期待我

疯狂的画家——梵·高

来啊!"

在这一刻,高更感到一阵无比的温暖。啊,可贵的友情!

曙光初露,高更就迫不及待地找到那间黄色的房子。文森特睡眼惺忪地从床上起来,打开大门一瞧,高更已出现在他的眼前了。

"啊,你果然来啦,终于让我盼到了。"

欣喜若狂的文森特紧握着高更的双手,亲密地与他谈起当年在巴黎握别以来的经历。高更看到墙壁上有几行字:

> 我的灵魂是圣洁的,
> 我的精神是健全的。

"喂,你先带我去逛街吧。"

于是两人一同去逛阿鲁鲁镇的街道,文森特又带他去看自己常去写生的地方。

从此以后,两个人就生活在一起了。

※ 梵·高作品——《乌云下的麦田》

文森特首先提出以下两个问题：

高更说他自己生病了，病况到底如何？他对我的作品有什么看法？

然而，眼前的高更完全不像生病的样子，反而像运动员一样健康，身心活泼。

此外，他的生命力很旺盛，每隔两三天就要上街，寻找物美价廉的商店。进入咖啡厅，好像跟里面的客人是多年好友一样，话匣子一打开就无法收住。

他还懂得制作画框，烹饪方面也有一手，这更令文森特深感意外。

高更从文森特的作品里选出《播种者》《向日葵》和《寝室》等几幅，他对文森特说道："这些都很不错，也许你自己不觉得，事实上，你的作品正在改变哩。"

"是吗？自从我来到阿鲁鲁之后，将整个身心都跟自然绘画结合起来，内心产生了一股前所未有的感觉。"

文森特感动之余，心里也在感叹："还是老朋友说得对，但愿以后的情况会变得更好。贝尔那尔、斯拉、高更的朋友拉帕尔等人最好也一齐来，这样就可以在法国南部开创新画家们的画室了。"

德奥弟：

高更已经来到阿鲁鲁了，从外表来看，他比我还要健康。

你帮助他卖画，他很感激，我也替他高兴。

他这个人很风趣，倘若跟他朝夕相处，我有信心能够安贫乐道。他来到这里以后，想必可以安心绘画。

我自己的画卖不出去，心里当然焦急，不过，我深信总有一天大家都会欣赏我的作品。那时候，我的画就会很值钱了。

有一段时期，我觉得身体不舒服，但高更来了以后，我就安心了。我担心生活费的压力会剥夺我的健康，又不想让你多费心，所以才感到苦恼。

我们住在一块儿，相安无事，每个月的花费不超过250法郎，有些画具可以自己来制作，这样还能节省一笔钱。你不必再担心我们的生活了。

就这样，他们俩形影不离，埋首于绘画，一块儿上葡萄园，画了一幅《摘葡萄的女人》。

文森特目不转睛地注视着高更的画法。

他俩的作风各有不同，高更是在画布前再三思考和计算之后，才

开始动笔。文森特却匆匆忙忙地下手,然后才修改,这样当然会浪费不少的材料。

相处了两三个星期,他们彼此就已看出双方性格上的差异。

高更的态度一直很冷静,常常是满怀自信,不慌不忙。而文森特却始终热血沸腾,坐立不安。

"高更真不愧是伟大的画家!"文森特每念及此,就闷闷不乐起来。

"高更虽然称赞我的几幅作品,但其他作品怎么样呢?"

高更仅仅是口头上的赞赏,从来没有激动地"啧啧"夸赞过,有时候,甚至还不客气地予以尖锐的批评。

由于文森特一向尊敬高更,就像新兵对老兵一样,总是侧耳倾听不敢动怒。

"你的画缺点很多,不算十全十美。"

这是高更的评语,他就是喜欢这样说。

文森特多半都能诚恳地接受。不过,文森特到底也有自己的脾气,有时候也会在意见上发生冲突。

关于这一点,高更写信给贝尔那尔说:

我跟文森特的风格相反,尤其在绘画方面,难得出现相同的想法。他极力称赞都德、卢梭,我的想法就不同啦。他讨厌安哥儿、拉华埃、杜加等人,我则非常欣赏这些人。

为了能够融洽相处,每当发生争论时,我只好说:"老兄,你说得对。"他很喜欢我的作品,每当我绘画的时候,他总喜欢在旁边啰嗦,我就讨厌这样……

文森特的烟瘾很大,满屋子烟雾弥漫,有时两个人会不停地争吵。

"高更,我很疲倦,脑子糊里糊涂的,请你让我睡一下好不好?"

"你要设法振作一点嘛。"

"不可能,我的头脑愈来愈混乱了。"

"废话,文森特,你只是营养不良而已。"

"不,我想安静一下。"

"简直是胡说嘛!"高更大声叫嚷起来。那该怎么办呢?文森特嫉妒高更的健康,已经变得有些神经兮兮的了。

高更依然忙着画那幅肖像——《画向日葵的梵·高》,心里却不停地叫道:"文森特有了惊人的进步,他的向日葵……真是一朵栩栩如生的花……"

割耳的悲剧

文森特讨厌的冬季来临了。

1888年冬天，寒风刺骨，坐在野外写生实在难受，两人都无精打采地回到画室里，整天彼此对看，那真不是滋味。

以前，文森特几乎每天写信，有时候早晚各发出一封信给德奥，自从高更来了以后，他便不再有兴致写信，除非是非写不可。

德奥弟：

最近，我跟高更提到莫纳那幅画——日本式的大花瓶中插着向日葵，画得很美，但他却说更喜欢我的向日葵。

我不信。四十岁以前，如果能完成这样一幅不朽的画，我想就一定可以在艺术界占一席之地，所以，我不气馁。

我们昨天到蒙贝利埃美术馆去，观赏了杜洛库罗阿、谷尔贝、杰欧特、波杰利等人的作品，如同进入了魔术世界。

我跟高更热烈讨论了杜

※梵·高作品——《播种者》（1888.11）

洛库罗阿和林布兰的作品,我们讨论得很激烈,讨论完毕时,我的头就像枯萎的花朵,非常疲惫。

我感觉得出来,高更对阿鲁鲁的街道和这栋黄色之家,尤其是对我这个人,似乎有点不满。

寒风细雨和肃杀冰冻的日子接连不断。

高更常对文森特发表很多扰人的议论,有时还会莫名其妙地唠叨、指责一阵,这样使文森特更加不安。

"高更不是说完了吗?他给我画那幅《画向日葵的梵·高》,岂不是临别纪念物?这样一来,我的梦岂不是破灭了?"

肉眼看不见的烟雾,在两人之间逐渐浓厚起来。

这是暴风雨前夕的片刻宁静。

两个人好像兴致勃勃地在谈笑,好久没有看见他们吵嘴,俨然一对难兄难弟。

1888年12月14日,高更完成了《画向日葵的梵·高》。文森特望

※ 梵·高作品——《一双皮革木屐》

望画上自己的脸，接着说出一句令人深感意外的话："果然是我，但却像发了疯似的。"

圣诞节，两个人共同到一家咖啡厅喝酒，突然间，文森特把手上的杯子对准高更的面孔砸过去。

幸好高更灵活地把身体一闪，杯子落地摔得粉碎，文森特便摇摇摆摆地走出店门。

高更耸耸肩，随即离开了咖啡厅，回到黄色之家后便走进房里睡着了，不久文森特也回来睡觉了。

第二天早晨，文森特睁开眼睛，已不记得昨天做过什么事，只意识到自己一定对高更有过不礼貌的举动，他猛烈地摇头。

文森特忍不住问道："我昨天对你做了些什么？"

高更说："我不在乎昨天的误会，我会原谅你的。不过，今后如果再这样的话，我恐怕压制不住自己的情绪，说不定会杀了你。我准备写信给你弟弟，我要回巴黎了。"

高更开始收拾行李，用过晚餐后，为了解闷，就一个人出去走走。当高更穿过拉马奇诺广场时，发觉后面竟有人匆忙地追来。

回头一看，只见文森特手持一把匕首，睁着血眼，飞奔过来。

"你要做什么？"高更大声叫嚷，并以威严的眼光（好像喷火的火山，这是后来文森特说的）瞪着文森特。

文森特蓦然一惊，停住脚步，低垂着头，一转身又拔腿跑回家去了。

"不能再跟他住在一块儿，即使是一晚上也不行。"高更想到这里，就走进一家旅社，找好房间，躺下去呼呼大睡。

文森特回到自己的房间，由于情绪十分激动，头脑昏昏沉沉的。但一想到自己粗暴的行为，恐怖之余，又忘了自己的存在，他突然用手上的匕首割下自己的左耳，当时血流如注，他自己包扎好伤口，戴着帽子，离开家门，走到一位熟悉的妇女家去。

他把割下的耳朵放在信封里，递给那个女人说道："这是我送你的纪念品。"

说完话后，就晕倒了。

那个女人吓了一大跳，立刻通知文森特的那位邮差朋友鲁朗。鲁朗赶紧跑来，抱起文森特回到黄色之家。

这的确是一个惊人事件。次日清晨，几个警察便跑来调查，这件事轰动了整个阿鲁鲁镇。

早上，高更走出旅社，回到黄色之家的门前，只见围着一大群

疯狂的画家——梵·高

❋ 梵·高作品——《一双靴子》

人,议论纷纷,声音嘈杂,其中还有几位警察在那里。

"发生了什么事吗?难道是……"

他挤进人群,一个穿着制服的人猛然抓住高更的手腕。原来是警察局局长:

"你到底怎么对待这个朋友的?"

"我什么也不知道。"

"胡说,你的朋友死了。"

高更吓了一跳,心想:"文森特死了?为什么?"

心里镇定了一下,他才把这几天的经过说出来。

"是吗?还是进去吧,到里面好谈话。"

高更走进房里,看见椅子和床上都是血迹。文森特睡在床上,好像蛇一样蜷缩着身体。

高更走过去,用手轻轻地抚摸着文森特的身体。

"幸好身体还是温温的,文森特没有死。"

"哦,还活着吗?赶快把医生和马车叫来。"警长慌慌张张地叫喊。

高更坦诚地把两人相处的这段经过一一说了出来,同时给德奥发了一封电报。

"如果他醒过来,请你们转告他,我已经回巴黎去了。如果他看见我,说不定又会发生什么事哩。"

高更说完后,就走出房去。

过了一会儿,文森特睁开眼睛,一遍遍地问:"高更到哪里去了?高更呢?我想见见他。"

但高更已不见了踪影。文森特的心头一阵难过,他央求道:"请把香烟和烟管递给我。"

不久,马车来了,文森特被抬进车里,送进医院。

梵·高又变成了孤零零的一个人,而且发疯了!

阿鲁鲁医院

※ 梵·高作品——
《商店橱窗》

德奥接到高更的电报，吃惊之余，立刻赶来阿鲁鲁镇。

"我大哥的病怎么样啦？"

德奥很担忧地问医生，雷伊医生把病情详叙一番："进到医院后病情发作，双脚颤抖，一面叫嚷一面唱歌，我们只好把他送到隔离病房，我想这是癫痫症的一种。"

"他的耳朵怎么样？"

"伤痕快好了，左耳并没有完全割掉，只割下一小叶及外耳的下半部，我本想把割掉部分给他缝合起来，但警察迟迟不来，所以不能动手术。"

"原来如此，谢谢你。务必请你帮帮忙，把我大哥的病治好。"

雷伊医生看到他们手足情深，内心也非常感动，就爽快地表示："我一定会尽力

疯狂的画家——梵·高

※ 梵·高作品——《木材市场》

而为。"

德奥放心了,就去拜访邮差鲁朗。感谢长期以来他对大哥的照顾,同时也请他今后还要多多帮忙。

"你放心好了,以后由我来照料他,你放心回巴黎去吧。"

德奥不能再持久待下去,巴黎方面很多事情要他回去处理,刚好这时候,他必须回去完成婚约。

雷伊医生和鲁朗全都慷慨地答应帮忙,德奥才安心地回巴黎去了。

也许是雷伊医生照顾得法,文森特的病情日有起色。

从入院第四天起,他就从铁栏杆的单独病房转到另一间较大的普通病房。

那儿有白色窗帘,两张并排的床铺,整天有油灯,中央有暖炉,病况轻微的患者都在聊天解闷。

文森特的饭量很好,很快就恢复了健康。

德奥弟:

这封信是在雷伊医生办公室里写的。医生跟我谈了一会儿,叫我写信告诉你我的病情已大有起色,以便让你安心。

医生推测我的发作只是一种暂时状态，我非常高兴。

我暂时住在医院里，心里却很想回去。好朋友鲁朗很担心，他极力劝我忍耐。

鲁朗待我亲如家人，但愿他永远做我的朋友。

出院之后，我打算再到街上去走走。明朗的好季节快要来临，我多么期望在百花盛开的果园里写生啊！

德奥弟，你从那么远的地方跑来看我，我很感激，也十分过意不去。反正我在这里很好，请你不必再来啦。

我唯一要拜托你的是不要担心我，因为这是令我痛苦的最大原因。我的健康情形，你尽可放心。

德奥弟：

我反复读了你描述的跟波肯尔家人（跟德奥订婚的女子的家属，未婚妻名叫约哈娜·波肯尔）见面时的那封信，信写得好极了。

虽然不幸的事情令人无可奈何，但由于我的事而令你迟迟不能完成婚约，我深感抱歉。请你将此事转告波肯尔家属。

我的遭遇，只不过是艺术家的悲剧。我的动脉被切开，现在血止住了，高烧也退了，目前食欲大增，消化极佳，精神日益饱满，头脑也很清醒。

1889年1月1日，鲁朗向雷伊医生请求让文森特到街上玩一天。

两人并肩走进黄色之家。

房间早就由鲁朗和德奥小心整理干净了，凡是会让人触景生情的东西，已经全都搬走。只见文森特靠着墙壁，注视着自己的画。接着，兴致勃勃地自言自语起来："在我以往所完成的那么多作品里，这些画是最出色的。"

1月7日，文森特经医生允许，办理出院手续。

德奥弟：

我今天出院回家，跟鲁朗一块儿吃午饭。

鲁朗奉令调往马赛，21日起程，因为待遇没有调整，不能携带家眷同行。如果想在马赛合家团聚，恐怕还要等待相当一段时日，难怪他们夫妻很伤心。

据鲁朗夫妇说，房东趁我住院时干脆把黄色之家售给了一家香烟店，我听了很恐慌，因为房子内外都被我粉刷一新，瓦斯也是我装配的，长时间没人住，好不容易整理干净，现在居然换了主人，真是做

疯狂的画家——梵·高

梦也没想到。

文森特虽然回到家里,却仍然无法安心,夜晚辗转难眠。即使偶尔入睡,也是噩梦连连,所以常常离开床铺,在房里走来走去。他把棉被和枕头放在一堆,彻夜失眠。在这种情况下,自然会想到已经离去的高更。

德奥弟:

很久不曾执笔写信了,首先,我常回忆与高更的友情。躺在医院里,全身发高烧,身心疲惫,但对高更仍念念不忘。难道我曾威胁过他吗?为何他不来信呢?

你看过高更带回去的那幅肖像吗?只要你看见那幅我的肖像,就不难明白高更来到这里的心情很安宁。

我准备明天开始作画,先画一两张静物,恢复绘画的习惯,此外,我还打算给雷伊医生画一幅肖像。

德奥弟:

早晨,我到医院去擦药,换伤口的纱布,并跟医生一块儿散步一个半小时。我们交谈的内容很广泛,甚至提到博物馆方面的问题。

在我卧病期间,宋德尔特村的老家、附近的羊肠小径、庭院树木、周围的麦田、邻居、教会、内院以及墓地旁边的鸟巢等,逐一呈现在我的梦中。

关于那个地方的回忆,我比任何人都要深刻。到目前为止,除了母亲以外,没有人能够回忆起当地的情形了。

你若结了婚,我也会感到幸福无比。如不能把我的作品放在高比尔商会的话,我倒希望把那两幅《向日葵》摆在那里。

我想这两幅画大概能够引人注目,因为这种作品会让人愈看愈有味。

※ 梵·高作品

消失的画室

文森特站在镜子前猛叫起来:"那个耳朵负伤、口含烟斗的汉子是谁呀?"

当然不是别人,他就是那个发疯的画家——梵·高。可是,他却呈现出相当悲哀的神情呢!

起先,文森特还不知道自己发疯了,后来才慢慢明白过来。

"但愿这件事不要影响到德奥的婚姻。"文森特担心起来。

1889年1月9日,他得知德奥前往阿姆斯特丹跟约哈娜·波肯尔小姐正式订婚的消息,不禁松了一口气。

健康恢复之后,身上的钱也没有了。住院费、护士的酬金、家具的欠款、洗衣服和床被的费用都得支付,无奈口袋里早已空空如也。

好不容易向朋友借来5法郎,勉强支持了几天,不久又是一连串断炊的日子。

德奥弟:

不论怎样穷困,我还是又开始工作了。我已完成了两幅自画像和三幅静物画,其中一幅是素描烟管、火柴盒、你的信封、葡萄酒瓶、一本书和蜡烛台。此外,就是雷伊医生的肖像,那是我准备送给他做纪念的。

情绪虽然有些忧郁,对生活和工作却没有多大妨碍。只是身体很虚弱,有点不安和惊慌之感。

医生说,那种病情发作之后,对待事物容易伤感,必须补充充分的营养。

雷伊医生虽然接受了文森特赠送的肖像,但心里似乎并不满意。他想:"这些混合颜色是什么?胡子、头发和额头部分全用绿色和红色,果然是疯子的绘画。"

医生把画带回家去,他的家人看到这幅画,无不出言讥笑。医生的母亲更是怒骂起来:"这是你的肖像?梵·高这个疯子画的东西,难道你能挂起来吗?这种脏东西,赶快扔掉。"

这幅作品果然被摆在堆杂物的房子里了。

1889年1月17日,文森特好不容易收到德奥汇来的55法郎。轻松之余,又忍不住想到高更的事情。

文森特处在穷困中仍然念念不忘悄悄溜走、始终没有露面的高更,但内心也产生了悲愤与憎恶之感。

德奥弟:

让我再谈谈高更的事情。那时候,他也在场,但他却说我兴奋得无法自抑,他为什么要这样说呢?

因为我不想让你受惊,就曾向他表示这只是两个人之间的事情,并一再叮嘱他别泄露出去。但他没听我的话,反而给你拍了一封电报,简直岂有此理!

高更表示要把留在此地的几幅作品跟我交换一幅《向日葵》,我没有答应,他已经画了两幅《向日葵》,不是已经够了吗?

文森特继续绘画,作品源源不断。有白木的椅子上放着烟斗、香烟和火柴的静物画,又有以鲁朗的妻子做模特儿完成的《摇篮女人》等。

他对于绘画如醉如痴,从早忙到晚,舍不得休息,画笔不停地挥动,就连他自己也感到惊讶。

1月22日,鲁朗走马上任,离开了阿鲁鲁镇。文森特又孤零零的一个人了,他经常冒着寒风到野外去。

幸好这栋黄色之家暂时能够出租。文森特只要一觉得发烧,就不

※ 梵·高作品——《秋日风景》

想工作，情绪恶劣得很，这到底是怎么回事呢？

"在阿鲁鲁这个地方，大家多少都有些不正常。"鲁朗常常这么说。

一日清晨，文森特到医院去看雷伊医生。医生刚好在用剃刀刮胡子，文森特露出怀疑的眼色。

"先生，你在做什么？"

"你不是看到我正在刮胡子吗？"

文森特走近了说道："如果你不介意，就让我帮你刮胡子如何？"

这时文森特的手已经触及剃刀的把柄了。

雷伊医生吓了一跳，不禁大声叫嚷起来："赶紧离开这个房间！"

吃惊的文森特慌慌张张地跑出去了。

2月初，文森特收到德奥汇来的200法郎，但他没有回信，他不知道自己的头脑到底是不是有问题。

一天，文森特的身体突然不停地颤抖，他大声叫嚷起来："谁要毒死我？岂有此理。"

文森特被剧烈的狂热冲昏了头，伸手抓起身边的东西乱丢。

早有准备的雷伊医生又把文森特送进医院的隔离室。

2月13日，德奥很久不曾收到大哥的来信，深感忧虑，就给雷伊拍了封电报。雷伊回电说："文森特的伤势还好，目前在医院治疗中，请勿挂虑。"

过了四五天，文森特恢复清醒，但却发出绝望的呻吟："这次实在不行了。"

他显然明白病状的发作已经不是艺术家经常发生的那种神经兮兮的毛病了。

德奥弟：

我的精神状况很恶劣，写信也无精打采，今天已回家了，但我仍抱着必能恢复健康的希望。

我觉得没有问题，才安心回家，我想这可能是本地的风土病，在完全恢复之前，只好安心等待了。

我对雷伊医生说，如果我进入精神病院比较适当的话，干脆告诉我算啦。

然而，我有权利做一个画家和工人，不管任何人——包括你或医生，如果不先跟我谈妥，我就不想进去。

我的病情你未免想得太多了，你不必过分害怕。一切都要按部就班，考虑太多是不能改变命运的。

只要你能平心静气地弄明白真相，我的身体也会复原的。

文森特返回黄色之家时发现自己不在家时，有水流进房里来，画

疯狂的画家——梵·高

室里积满了水,画稿全都遭殃了,状况惨不忍睹。文森特茫然地站着发呆,心想:"这里的画室全毁了,连作为纪念品的画稿也完了,一切美梦全毁啦!"

在雷伊医生的耐心劝导之下,文森特经常去散步。

时光荏苒,温暖的阳光再度普照大地,季风呼呼地吹。文森特头戴皮帽,耳朵的伤口被包扎着,身上的衣服上沾满了颜料,他独自在马路上踯躅着,孩子们看见他这副模样,都跟在后面一边拿石头丢他,一边在叫喊:"喂,疯子来啦。"

文森特迅速逃回家去,那些顽童毫不放松地从后面追来,围在窗口和门口,继续叫嚷:"疯子,疯子。"

孩童们后面跟着一群街上的行人,也慢慢走过来,议论纷纷。

"他就是报纸上说的那个割耳朵的汉子。"

"人人说他是画家,其实是乱画一通。"

大家冷言冷语地讥笑,有的则口不择言地谩骂起来,实在令人气愤,有人甚至还对他吐口水。

起初,文森特为了保护自己,就躲在画室的一角,忽然,他忍无可忍,匆匆跑近窗口,伸出头来大

※梵·高作品——《向日葵》

骂:"我是疯子?阿鲁鲁才是疯子住的地方。"

文森特已经失去理智了。他到处乱跑,破口大骂。

行人目睹了这种情景,也从旁添油加醋,幸灾乐祸地说:"果然是疯子。"

文森特的遭遇越来越惨,当时街上有八十多个人联名要求主管单位立刻监禁这个发疯的画家。

这时候,正巧医生不在医院里,主管单位接到民众的请愿书后,就派警察来硬将文森特拉去监禁室,黄色之家也被封闭了。

德奥预定不久就要结婚,文森特担心自己的事会妨碍弟弟的婚期,故不敢写信去告知真相。但弟

弟却一直在担忧，于是写信来问候，文森特只好鼓起勇气，把内心的话倾吐出来。

德奥弟：

我完全是一个正常人，绝非疯子，写这封信时的心智无异于往常。

我到底犯了什么罪？无凭无据，他们就把我关在洞穴似的房间里并派人来监视我，大门紧锁着。

我有千言万语要告诉你，倘若我的怒气发作，马上会变成危险的疯子，不过，我一直竭力忍耐着。

最要紧的是，你要很镇静地完成婚礼才对。

今后，我们一定要另寻更和平的生活方向。

※德奥妻子

说起这样倒霉的事，与其在此受罪，不如早死算了！总之，不要常常埋怨，凡事要忍耐，这是人生必须学习的教训。

果园又开始百花争艳了。

去年，文森特表示明年春天要以百花盛开的果园作为写生对象，可惜他现在看不见这种盛况了。他心里甚至想："也许永远会被关在这个监牢里了。"

有一天，文森特当年在巴黎的一位画家朋友夏尼克到医院来了。夏尼克曾听德奥提起过这件事，所以特地来看望文森特。

两人见面以后，夏尼克发现文森特却是很理性的正常人。

文森特并不想把自己的画让这位朋友看，但在对方诚恳的请求下，也经看管人的允许，两人便返回黄色之家去看画。

关闭的画室被打开，夏尼克一走进去，顿时被惊呆了，他想："哪里是疯人的作品？真是色彩的杰作，辉煌的表现！"

《夜间的咖啡馆》《圣·玛利》《向日葵》《摇篮女》《星月夜》……夏尼克站在每幅画前，口中念念有词："不得了！太伟大了！"他在画室里来回踱着。

文森特可真是开心极了，有

朋自远方来，不亦乐乎！他忍不住把积在内心的话全都倾吐出来。他把几幅静物画送给夏尼克做纪念。

一整天，两个人都谈论着绘画方面的问题。黄昏来临，文森特脸上呈现出疲惫之色，突然，他抓住桌子上的画具想要摔出去。

"你怎么啦……"夏尼克慌忙劝阻了，然后偕同文森特回到监禁室去。过了几天，文森特被释放出来。

此次见面，再度唤起文森特绘画的热情。

为了重拾旧笔，文森特要求德奥寄画具来，结果又完成了五幅《摇篮女》。

1889年4月初，天气转暖，太阳普照大地，他又背起画架出门了。

文森特每天以阿尔卑斯山做背景，开始画那迷人的果园。

不料，他的脑子又开始模糊了。因为不能思考问题，所以就没有写信给德奥。

那栋黄色楼房终于要关闭了。文森特无意跟他们争吵，他听从雷伊医生的劝告，另外租了一栋房子，房东是雷伊医生的母亲。

4月中旬，也就是德奥在故乡完婚之时，文森特毅然搬家了。他把家具委托给一家咖啡厅保管，绘画作品则装成两箱，寄给巴黎的弟弟。

新房子的租金虽然便宜，但没有房间能改装成画室。他觉得自己的命运多舛，到处不如意，也就随遇而安了。

一年前，文森特满怀希望，想要画《开花的果园》，如今面对一片橙黄色的世界，他步履匆匆地向前奔去。

现在的梵·高还想做什么呢？他已没有野心，负债累累，再也无意成为杰出的画家了！

德奥弟：

眼前的一切都令我心灰意冷。这几天因为搬家的缘故，被许多杂乱的事扰得心烦，例如收拾破旧家具，忙着给你寄画，不过也无非都

※梵·高作品——《雷伊医生》

是令人伤感的事。

然而，最叫我有所感触的，莫过于兄弟间的浓厚感情。在漫长的岁月里，多亏你一直支持我绘画，我才能完成这些作品。这些都是你的功劳，现在我把它们全部寄给你收存。其实，这些也并不足以表达我感激之情的万分之一。

亲爱的弟弟，你给我的热心协助决不会白费的。这些都会永垂不朽的，但愿你今后将所有的爱献给你的妻子。

文森特急着想去精神病院，想和跟自己相同的病患者们生活在一起。

雷伊医生说，距离此地二十五千米外，有一家设备完善的精神医院，名叫圣雷米。

"我想尽快到那里去，最好月底以前就去。"文森特苦苦央求他。

"为什么要这样急迫呢？"雷伊医生问。

文森特说："我已经是三十六岁的成人，不是小孩子了。每次病情发作，对我来说都是不能大意的。我的思考能力虽然稍微恢复，但头脑仍然很模糊，目前不能单独生活，最好马上能进入精神医院疗养。

不过，我有两点要求，一件是允许我经常出外写生，另一件是住进最便宜的房间，以减轻德奥的负担。"

1889年4月29日，雷伊医生携带德奥的信件前往圣雷米，可惜那里不能满足文森特的愿望。

精神医院的院长表示，每月必须支付100法郎，这个数额比文森特的预算多出25法郎。而且，院长不答应他出外写生。

"怎么办呢？我该去哪里呢？"失望的文森特左思右想，无计可施。

"干脆当兵算啦！到部队混个五六年，岂不更好？"

当然，这个构想是不可能实现的。

文森特趁此又完成了四幅果园的作品，这是令他感到安慰的事。

德奥弟：

现在想马上让你欣赏橄榄树林。除了蓝色天空和橙色的大地外，还有绿色的橄榄树叶……这些都足以令你想起童年时代的家乡。

橄榄树叶随风吹动的声音十分神秘，也能令人想起遥远的童年。

明天是5月1日，也是你的生日，像你这样的年龄，健康最重要。

文森特画完医院的庭院和病

疯狂的画家——梵·高

※梵·高作品

房，想把这些画送给医生，当作感谢的纪念品。

"梵·高先生，你别客气啦，我已经心领了。"雷伊医生慌忙拒绝，如果把这个病人的画带回家去，难免又会挨一顿骂。

一位医院药剂师刚好从门前经过，雷伊医生问他："梵·高先生想把画赠给我们，你觉得怎样？"

"接受这种人的画，难道不会倒霉吗？"

药剂师板起面孔，断然拒绝了。

最后，他们把画交给了医院的会计人员。这位会计刚好喜欢绘画，所以很高兴地接受了。

不久，德奥来信表示，无须担忧入院费用，文森特非常感谢，因此，他决心前往圣雷米。

1889年5月8日，文森特毅然出发了。

知识链接

《星月夜》

《星月夜》是梵·高最有名的画作之一。它独特的风格让人一眼就可以认出是梵·高的作品。

挚爱深夜的梵·高在圣雷米的初期(1889年6月)所画的这幅《星月夜》是梵·高深埋在灵魂深处的对世界的感受。在这件作品中，闪烁于蓝色夜空中的星星格外引人注目。每一颗大星、小星都回旋于夜空中，月亮也形成一个旋涡，星云与棱线宛如一条巨龙不停地蠕动着。暗绿褐色的柏树像一股巨型的火焰，由大地的深处向上旋冒；山腰上，细长的教堂、尖塔不安地伸向天空。所有的一切似乎都在回旋、转动、烦闷、动摇，在夜空中放射出艳丽的色彩。

这幅油画是梵·高所画的为数不多的，不靠直接观察对象，而用虚构的形与色，凭想象创造某种气氛的作品之一。那些入睡的小屋，伸向深蓝色天空的柏树，黄色的星星和闪着亮光的橘黄色的月亮所形成的旋涡使天空变得活跃起来。体现出了内心紧张的幻想，是发泄无法抑制的强烈感情的创造性尝试，而不是对周围大自然平心静气研究的结果。

※梵·高作品——《星月夜》(1889.6)

这幅画展现了一个高度夸张变形与充满强烈震撼力的星空景象。给人的视觉带来了巨大的冲击，让人难以置信，但又惊奇不已，大约是画家在幻觉和晕眩中所见。在这幅画中，天地间的景象化作了浓厚、有力的颜料浆，顺着画笔跳动的轨迹，而涌起阵阵旋涡。整个画面，似乎被一股汹涌、动荡的激流所吞噬。风景在发狂，山在骚动，月亮、星云在旋转，而那翻卷缭绕、直上云端的柏树，看起来像一团巨大的黑色火舌，反映出画家躁动不安的情感和狂迷的幻觉世界。

梵·高在这里并没有消极、被动地沉溺于他那感情激流的图像中。他能将自己作为一个艺术家而从作品中抽离出来，并且寻找某种方式，用对比的因素与画面大的趋势相冲突，从而强化情感的刺激。我们在画中看见，前景的小镇是以短促、清晰的水平线笔触来描绘的，与上部呈主导趋势的曲线笔触，产生了强烈的对比。那点点的黄色灯光均画成小块方形，恰与星光的圆形造型形成鲜明对比。教堂的细长尖顶与地平线交叉，而柏树的顶端则恰好拦腰穿过那旋转横飞的星云。

这幅画中呈现两种线条风格：一是弯曲的长线，一是破碎的短线。二者交互运用，使画面呈现出炫目的奇幻景象。在构图上，骚动的天空与平静的村落形成对比。柏树则与横向的山脉、天空达成视觉上的平衡。全画的色调呈蓝绿色，画家用充满运动感的、连续不断的、波浪般急速流动的笔触表现星云和树木。在他的笔下，星云和树木像一团正在炽热燃烧的火球，奋发向上，具有极强的表现力，给人留下深刻的印象。

为绘画献出一生

◇ 图 说 名 人 ◇

宁静的疗养院

阿鲁鲁精神病医院的随行牧师莎鲁指着一所古老的寺院说道:"前面就是疗养院了。"

经过圣雷米约一千米左右,在盘吉克高原分道,道路的两旁都是松林。走了不久,就是圣雷米疗养院了。

19世纪初,精神病学者杜克多尔·美玖朗在寺院里设立了这所疗养院。起初,人满为患,但当文森特来到的时候房间已空了不少。

现任院长叫作杜克多尔·贝伦。文森特掏出自己的诊断书,把以前的病状坦率而详尽地予以说明,同时,也交代自己的家庭和身世。

"院长,我母亲的兄弟及其他家属中,就曾有人患过癫痫症。"

贝伦院长将这些资料记载下来,然后办理手续,让他入院。

文森特的心情平静下来之后,慢条斯理地说:"院长,不瞒你说,我是画家。来到这里,理应遵守医院的规则,不敢奢求特别待遇,但当我一切正常的时候,可不可以让我绘画?"

院长沉思了片刻,点点头说:"好吧,让你在楼下的一个房间里绘画。"

"谢谢,这样我就安心了。"文森特鞠躬致谢。

"好极了,梵·高先生。"莎鲁牧师也禁不住

名人名言

我认为这是伟大艺术家人生经历中的一幕悲剧……他们往往在作品被公众所认可之前便死了。在他们活着的时候,遭受着各种障碍与困难的压迫,为生存而不断地斗争着。
——梵·高

高兴地说。

"多谢你和雷伊医生的帮忙,请你回到阿鲁鲁医院之后,向诸位问好。"

"你放心好啦。"

莎鲁牧师回去时,文森特望着他离去的背影发起呆来。

从此,文森特不得不在这个与世隔绝的疗养院里孤独地生活了。

事实上,文森特一直过着这种形单影只的日子,即使偶尔跟朋友相聚,无奈命运也硬将他们分开。

他以前还怀着些希望,现在是否要永远住在这儿呢?

德奥弟:

来到这里,情况很好。在这里可以看到形形色色的疯子,但我并不觉得恐怖。

我的房间很小,墙壁上贴有灰色与绿色的壁纸,窗户上有蔷薇色的窗帘。

窗户装设了铁栏杆,放眼眺望,是一片麦田,太阳发出万丈光芒。

这里共有三十多间病房,其中一间我可以当画室用。

伙食还好,饭量都是固定的。这里就像巴黎的廉价餐厅和宿舍的伙食团一样,稍带苦味而已。这里的病人无事可做,他们不读书,只会玩牌或打弹子。

雨天,我们的房间就像乡下车站的候车室一样,病患者里面经常有戴着帽子和眼镜、手持拐杖和穿旅行外套的人,就像立即要出外旅行似的。

他们也经常发生吵闹和争执。幸好管理员很了解这种状态,他们病情发作时,管理员就心平气和地协助他们排忧解难。

起先,文森特对他们深表同情,不打算加入他们。他心里想:"我在此跟他们不一样,至少我不是等死,我是为了要医治疾病,希望一切都重新开始。"

不过,贝伦院长对医院工作不太热心。他几乎不大为患者治疗,一切工作都由修女和管理员负责。

一星期里,他们只对文森特治

※ 梵·高作品——《花圃》

疯狂的画家——梵·高

※梵·高作品——《风车》

疗了两次，也就是两小时而已。

建筑物、庭院、瑞士式的牛栏、牧场等都呈半废弃状态。文森特常在庭院搭起画架。

德奥弟：

来到这里以后，我常在几棵大松树下画那些乱草丛生的庭院，一次也不曾出外写生，所幸此地的田园风景极佳，我打算慢慢走出去看看。

我会寄四幅田园风景画给你，让你知道我在这里的情况不坏。总之，此地的阳光始终普照着大地。

我昨天画了一只大鹅，因为它的颜色太漂亮了，为了仔细把它画好，我不得不杀死它，说起来怪可怜的，但它的确非常美丽。

你若收到我的画，不妨各送一幅给高更及贝尔那尔当作纪念。

1889年6月初，贝伦院长透露了

一个好消息，他允许文森特到野外写生，但得有监视人跟随他。

这里的季节风不像阿鲁鲁那样强烈，文森特很注意在大风中摇动的松树，他兴奋得大声喊叫："高耸的松树，像埃及的古树那样壮观！"

他一面陶醉在这种景色里，一面忐忑不安："当初到阿鲁鲁的热情又恢复了吗？不行，我现在不能沉迷在工作里，倘若再发作一次，一切就都完了！"

德奥弟：

因为一直过着舒服的日子，我又着手于新的作品了。我完成了十二幅画，其中有两幅是极不容易配色的松树，我把前景配上另一种色调，衬托出坚硬的地面，然后再加上其他色彩。

这样作画诚然令人劳累，不过陶醉于画景里，也就不觉得疲倦了，请你不必担心。

以前，每当我作画完毕，总是无聊得要死，这是怎么回事呢？一想到自己有病在身才来此疗养，就忍不住害怕起来，而且什么也不敢想了。

这证明我的头脑有毛病。然而，我希望再次恢复健康，成为有用的人，至少要画些更好的作品。这种意念会让我很快便振奋起来，请你放心。

德奥弟：

今天，我在烈日下坐在麦田里绘画，一点儿也不觉得辛苦。阳光闪闪发亮，放眼所及之处，麦田尽是一片黄色。

这里根本看不见油菜和荞麦，谷类也没有我们故乡的多，我不断地画那些开花的荞麦田、菜园和麻田。这里也看不见茅屋、栈房和杂树等。

我再给你寄一打素描去。麦穗、松树、蓝天和罂粟等恐怕是最好的景色了。

昨天，我跟医生聊天，得知必须再忍耐一年才能把病治好。

最近，文森特的作品逐渐回到学习时代的风格了。线条弯曲，呈波状，颇似生命的节奏；松林耸立，黑黝黝地，而罂粟则像鲜血似地在麦田里呈卷曲状，繁星也在夜晚的天空发出黯淡的光辉。

节奏，真是宇宙的节奏！这是文森特卓越的画法吗？还是疯子的幻想呢？

疯狂的画家——梵·高

埋首在绘画里

1889年7月5日,文森特得知德奥的妻子不久就要生产了。

德奥的妻子在信上说:"如果产下男孩,我打算给他取名为文森特。"

文森特是否感到欣喜呢?恰恰相反,他觉得自己是个罪人,想到一个初生婴儿将与自己取相同的名字,心里不禁沉重起来。

德奥弟:

今早收到约哈娜的信,得知一大佳音,恭喜你。

我知道你们对于孩子的未来一定有妥善的安排,我也替你们高兴。

但是,我认为你们给未来的

※梵·高作品——《高更的扶手椅》

男孩,也许是女孩最好取和父母相同的名字,或者取祖父德奥的名字也可。

文森特获得院长的特别允许,请了一天假回到阿鲁鲁去取画具以及留存下来的作品。文森特偕同看护人员前往莎鲁牧师的家,不巧他休假外出了,后来文森特又去医院拜访雷伊医生,不料,他也出去度假了。

于是文森特就趁机拜访在阿鲁鲁的朋友,包括当初在医院帮助过自己的人和邻居老太太。在久违的情况下,大家都很热烈地欢迎他。

"这里还算很有人情味,那么下次再来一趟吧。"文森特的心情总算开朗起来了。他把作品捆成一个行李,循着原路踏上归程。

数天之后,文森特到离医院不远的地方画石矿场的风景,那儿有五六株橄榄树搭造的黑色小屋,季风一刮起,蝉也瑟瑟地叫个不停。石矿场上到处是呈现着红、黄等色彩的岩石。

突然间,文森特握着画笔的那只手颤抖起来,目露凶光,他担心会发作得很厉害,忍不住发出野兽般的吼叫。

监视人闻声赶来,抓住病情发作的文森特,把他扶回医院去。

※ 梵·高作品——《自画像》

有整整三个星期,文森特犹如生活在黑暗世界里。各种声音、色彩和形状像松树枝般地在燃烧,也像夜晚的繁星一样的闪亮。

到底处在梦境还是在清醒的状态呢?从无意识的深渊里,他似乎看到故乡的原野、柳树、运河、吊桥。啊,还是回家乡去吧,南国地方太差劲啦!

病情发作的时候,由于嘶喊得太厉害,文森特喉头发炎,在这四五天里,无法吞食任何东西。

幸好头脑逐渐恢复清醒,接着,他的身心也完全康复了。

贝伦院长下令把楼下的画室关闭,同时禁止文森特绘画。对于文森特来说,这无疑是极大的痛苦。

文森特写信给德奥,请他拜托院长允许自己绘画,因为绘画是治病的最好方法。

文森特似乎明白自己的病在有生之年是治不好了。他想:"管他呢,我奋斗到死为止。除非四肢不能动,否则我一定会拼命画画,创造自己的作品。"

"反正在法国南部待不下去,返回北部也许发作起来不会那么厉害,如果不能回到祖国,巴黎也不错,或者跟高更、贝尔那尔在一块也行,总之,还是回北部去吧!"

经不起德奥的苦苦哀求,院长终于又允许文森特绘画了,但要怎么画呢?

文森特最喜欢夏季,但是他一张也没有画成,又觉得苦闷、无聊。他认为在这里的费用太贵,同时,也不想跟其他疯人混在一起。

病情发作以后,院长给文森特吃了点肉和葡萄酒。这样一来,文森特又有充沛的精力了。

"从以往的经验来看,大约每隔三个月就会发作一次,所以,下次的圣诞节前后是危险期,在此以前,得好好工作才是。"文森特暗自下了决心。

德奥弟:

光阴似箭,秋天转眼就要过去

※梵·高作品——《种土豆的男人和女人》

了，接着就是寒冬。

昨天，我望着窗外的景色，接着就把它画了下来。黄色的麦田，自有一番迷人之处。麦田上还出现了月亮，病情发作的前几天，我还在画《割麦的人》。

这幅画稿全属黄色，用去不少颜料，主题明确而单纯。因为我把那位割麦的男人画成一个好汉——在暑热下，如同恶魔般地与自己的工作奋战——纵使望见死亡的影子也不怕。

但在这死亡中，什么悲哀也没有。那条好汉在金光的洪水中跟着太阳向前走。啊，我相信眼前是一个新的光辉的时代。

我打算埋头工作，看看圣诞节前后会不会旧病复发。过了圣诞节，我就要离开这个被监视的地狱，回到北方去。

是工作胜利，还是疾病胜利呢？文森特决心要试试看。

文森特在思乡之余，也忍不住写信给年迈的母亲。

妈妈：

如果您看见我寄去的肖像，想必知晓我的近况。我虽曾在巴黎、伦敦及其他大都市生活，但是，我的样子仍像当年宋德尔特村的农夫，只是那些农夫也许比我更有益于社会。我也像农夫在麦田里耕耘一样，努力于自己的工作。

文森特热情高涨，他相信自己的成绩会愈来愈进步，也陆续完成了不少作品。

可惜的是不能到医院外面写生，这是最难受的事。有一天，文森特突然向院长要求："我弟媳生产时，让我回巴黎去吧！"

院长无可奈何地回答说："不行，至少还要等一段时间。"

※ 梵·高作品——《自画像》

疯狂的画家——梵·高

等到1889年10月，文森特终于解脱了。院长允许他一周外出两三次，写生或散步都可以。

在这迷人的秋天里，文森特又开始画橄榄树了。他自言自语地说："要忍耐呀，必须忍耐呀！"

11月初，文森特为了买画具以及付保管家具的费用，再度回到阿鲁鲁镇去。

他去拜访了莎鲁牧师和其他朋友，度过了愉快的两天假期。这时候，他了解到阿鲁鲁到巴黎的火车费仅需25法郎。于是他想马上出发，但一摸口袋，却空空如也，十分失望。

文森特返回圣雷米后，内心感到不安起来："会不会像上次一样，是病情发作的预兆呢？"

幸好，没有发生任何事，文森特又继续绘画了。《医院的花园》《医院》《松树》《护士长》……纷纷完

※梵·高作品——《农妇和山羊》

成了。画布用完了，就描摹米勒的《田园》及其他画家的代表作品。

严冬来临，寒风刺骨，有一天早晨，雪片飘舞起来了。

圣诞节——病情发作的预测日期。果然不出所料，又发作了两次，幸好短时间就复原了。

文森特心里暗想："如果不再发生意外，我就继续作画，决不能再浪费时间。"

文森特准备把这里要作的画结束后就回祖国去。

为了感谢此地几位朋友的帮助，他把两幅画送给鲁朗当作纪念品，那就是《橄榄树下的白色家屋》和《麦田》。

不久，病状又开始发作了，此次时间稍微长些，他暂时无法写信，贝伦院长只好将此事转告德奥。

1890年2月1日，文森特收到德奥的来信：

贝伦来信说你的病又发作了，大哥实在够可怜的！一直没有治好，真是遗憾。此次跟上次一样，很快就会复原才对。

在我们的幸福生活里，你的病情发作犹如一块乌云，我太太最近生下一个白胖的男孩，虽然生下来时哭得厉害，但这是健康的象征。

如果你看到我的妻子和孩子，一定会很高兴的，我想把儿子也取名做文森特，希望他将来像你一样成为勇敢而有耐心的人。

这时候，文森特的头脑很模糊，但当他阅读到这封信时，头脑却清醒起来。接着给德奥回信：

德奥弟：

我虽然感觉舒服些了，但跟上次一样，头脑依然混乱，度过了几天糊里糊涂的日子。今天得知你终于做父亲了，而且母子平安，欣喜万分，这对于我的健康也极有帮助。

我想母亲一定更为高兴。为了纪念父亲，何不把孩子的名字取做德奥呢？

我准备立刻着手画一幅《开着

※梵·高作品——《医院看护》

白花的巴旦杏》,准备寄给你们挂在寝室里。

不久后,文森特接到德奥寄来的一本美术杂志。上面刊载了一位年轻诗人兼美术批评家艾尔贝鲁·欧利埃的一篇称赞梵·高作品的文章。

文森特看完之后,觉得其中有些话好像火花般扑面而来。例如:"梵·高先生具有巨人般勇猛的双手以及女人那种细腻的神经,他是一位非常正派的真实艺术家。他融合黄金与宝石……是一位极富幻想的色彩家,真正生活在彩色世界的画家。"

文森特吓了一跳,同时也深感悲哀。他想:"这个人高估了我的画,这些句子应该放在高更身上才对,因为我用的不是这种画法。"

话虽如此,文森特第一次看见自己的作品被人赞扬,身体也突然健康起来。为了表示谢意,他寄赠了一幅画给欧利埃。

但欧利埃后来听说梵·高发疯,举止失常,就不再写文章报道他了。

1890年2月14日,德奥来信说一位普鲁士姑娘花了400法郎买下了他的《红色葡萄园》。

这是不是文森特迈向成功的预兆呢?

不错,文森特今后也许会声名大噪,轰动画坛,然而,三十七年来经历的悲剧,却不能轻易被眼前的事实所改变。

1890年3月21日,文森特计划再

※梵·高作品——《两朵向日葵》

过两天就到阿鲁鲁去。

然而24日到了阿鲁鲁之后，他的病情突然发作得很厉害。大家慌慌张张把这位画家抬进马车，送回圣雷米去。

文森特住在阿鲁鲁的什么地方，没有人知道，他离开疗养院时，手持的那幅《阿鲁鲁的女人》到底放在何处，后来也始终没有下落。

此次发作的情况最为严重，时间也最久，他几乎有两个月不能活动。

病况好不容易略有好转，他便写信给弟弟，但这时已经是4月中旬了。

德奥弟：

我可以再度执笔写信，但速度缓慢。头脑仍然模糊，虽然不会痛，事实上已经不行了。

不久前，作画进度还顺利，最后画好的那幅巴旦杏花——只要仔细瞧瞧，就不难明白我的进步情形。那恐怕是我最好的作品。在我众多的作品中，此幅算是我最努力、最有耐心完成的了。那时我头脑镇静，落笔慎重，但第二天，我却像野兽一样狂乱了。

我该怎么办呢？该有些什么计划呢？心里是一片茫然，不过，我一定要离开这家医院。

我已经忍无可忍了，一心想换一个环境，再坏的地方也不要紧。

德奥也下了决心，要把大哥转到法国北部的奥贝尔·欧瓦斯市，那里有一位爱好绘画的卡雪医生，这个人大概会了解大哥的个性，也许会使大哥的病情有所好转。如果情况允许，也可让大哥在巴黎停留两三天，见见自己的妻儿，然后再往奥贝尔去。

文森特得知此计划后欣喜若狂，感激不尽。

1890年5月14日，梵·高在圣雷米完成了最后一幅画——插在绿色花瓶里的粉红色蔷薇花。

"好啦，我要跟这家倒霉的精神病院告别了！"文森特向圣雷米的原野投下最后一瞥，心想永不再回来了。雨后的郊外显得分外生动，花朵盛开着。

"啊，我该再完成更多的画才对。"文森特情不自禁地叫嚷起来。

两天后，文森特告别了生活两年的法国南部乡村，搭上了开往巴黎的夜行火车。

火车在呜呜的汽笛声中离开了。